励志 蝶变篇

学习不是为了别人
而是你自己

读者杂志社 编

读者出版社

图书在版编目（CIP）数据

学习不是为了别人，而是你自己 / 读者杂志社编.
兰州：读者出版社，2025.2（2025.6重印）. -- ISBN 978-7
-5527-0855-4

Ⅰ．G782

中国国家版本馆CIP数据核字第2025C76G47号

学习不是为了别人，而是你自己
读者杂志社　编

总 策 划　宁　恢　　王先孟
策划编辑　潘玉婷　　赵元元
责任编辑　漆晓勤
助理编辑　张孟妍
封面设计　董咚咚
版式设计　甘肃·印迹

出版发行　读者出版社
地　　址　兰州市城关区读者大道568号（730030）
邮　　箱　readerpress@163.com
电　　话　0931-2131529（编辑部）　0931-2131507（发行部）

印　　刷　天津鸿彬印刷有限公司
规　　格　开本 710 毫米×1000 毫米　1/16
　　　　　印张 13　字数 166 千
版　　次　2025 年 2 月第 1 版
　　　　　2025 年 6 月第 2 次印刷
书　　号　ISBN 978-7-5527-0855-4
定　　价　59.00元

如发现印装质量问题，影响阅读，请与出版社联系调换。

本书所有内容经作者同意授权，并许可使用。
未经同意，不得以任何形式复制。

目录

壹 你在为谁学习，谁能替你学习？

父母扛下生活的苦，你却扛不住学习的苦 / 白枫麟　　002

父母无法永远为你兜底 / 谷 煜　　007

如果你在一个平凡的家庭长大 / 闫荣霞　　011

劝你读书的是父母，受益的是你自己 / 范方启　　015

父母只能给你生活，但读书可以给你人生 / 高雪艳　　019

不能选择出身，但可以选择人生 / 李晓玲　　023

贰 世界上没有不劳而获，也没有坐享其成

间歇性的勤奋，持续性的一事无成 / 彦双鹰　　028

游戏随时都能打，但中考却只有一次 / 白枫麟　　032

别让"我很笨"成为懒惰的借口 / 范方启　　036

那些让你害怕的，终会让你更加强大 / 风苿乔　　040

如何让学习像刷剧一样上头 / 王辛未　　044

如何持续保持高效的学习状态 / 竹 一　　049

妈妈，我想上高中 / 陈 妥　　053

叁　早早辍学不读书的人，最后都怎么样了？

如果当时不那么倔强，现在也不会遗憾 / 雅玥凝馨　　058

被校园栅栏隔开的人生 / 林钰轲　　062

你拼命想逃离的校园，是永远回不去的曾经 / 一水间　　066

别在最好的年纪，辜负了最好的自己 / 李志英　　069

悬在高塔上的生活费 / 张伟超　　073

流水线上的十八岁 / 红素清　　078

中考落榜那一天，一切都晚了 / 刘　婧　　082

读书虽不是唯一出路，但不读书会少很多路 / 天　相　　086

肆　努力只能及格，拼命才能优秀

人生没有如果，只有后果和结果 / 刘　婧　　092

比不努力更可怕的是假努力 / 卞明惠　　096

愿意苦一阵子，绝不苦一辈子 / 朱　青　　100

赢在那一会儿的坚持 / 路　平　　104

你所谓的竭尽全力，不过是别人的常态 / 熊　芳　　108

唯有努力，才能收获你想要的生活 / 闫荣霞　　112

伍　熬得住就出众，熬不住就出局

熬过无人问津的时光 / 韩晓薇　　118

读书虽苦，但坚持一定很酷 / 红素清　　121

我不聪明，但我比别人更努力 / 粟凯丽　　125

人最可怕的，就是清醒着沉沦 / 路　平　　128

别让今天的懒，成为明天的难 / 方　圆　　132

你的自律，终会让你出类拔萃 / 王辛未　　　　　　　137

你连手机都控制不了，拿什么控制你的人生？/ 悦 禾　142

陆　所有幸运，都是努力埋下的伏笔

当你考上了大学意味着什么？/ 风莯乔　　　　　　　148

为什么要读大学 / 程昌雄　　　　　　　　　　　　　152

总有人会赢，那为什么不能是我 / 韩晓薇　　　　　　156

梦想是凌晨拿起笔的坚持 / 韩 榕　　　　　　　　　 160

读书才是最廉价的高贵 / 张桂花　　　　　　　　　　165

苦等果实，不如趁早埋下种子 / 高雪艳　　　　　　　169

柒　你拼的是自己的前途和暮年的欢喜

以前不理解父母，但现在很感激他们 / 一 介　　　　　174

一个女孩决定改写命运 / 金 本　　　　　　　　　　　177

高考是你这辈子最公平的竞争 / 黄玉珊　　　　　　　181

今天的习惯，就是你未来的模样 / 王福利　　　　　　185

你现在的努力里，藏着你十年后的样子 / 韦文忠　　　189

游戏可以重开，但人生不能重来 / 粟凯丽　　　　　　193

未来的你，一定会感激如今拼命的自己 / 杨青霞　　　197

壹

你在为谁学习,谁能替你学习?

> 学习不是为了别人，而是你自己

父母扛下生活的苦，
你却扛不住学习的苦

白枫麟

> 爸爸并没有因为钱难赚就不赚了，妈妈并没有觉得孩子不听话就不要了，所以我也没有资格说累就不努力了。

每一盏路灯下都藏着一个不为人知的故事。我的秘密，如同夜色中一抹暗影，让我在人群中不自觉地低下头。我从来不在外人面前提及父母，尤其是当着同学的面，每当话题涉及家庭，我总是迅速转移，用玩笑来掩饰不安。

晚自习结束，我和小兰有说有笑地走出校园。她提议先去吃一碗热馄饨再回家，然而，当摊主的侧脸映入眼帘时，我的心猛地一紧。

路灯下，父亲穿着一件陈旧的围裙，背微微驼着，额头细汗密布，正把煮好的馄饨从锅中捞起。那一刻，我生怕与他目光交汇，担心同学知道我贫穷的出身。

还好，父亲忙着招呼客人，并未留意到我。我谎称家里有事，匆忙和小兰告别，逃一般地离开了。

推开家门，妈妈正捂着嘴轻咳，她那略显疲惫的脸上带着微笑，伸手接过了我的书包。餐桌上，一如既往地摆着两碗热气腾腾的馄饨，它们散发着葱花和鲜肉的熟悉香气。然而，那一刻，我却提不起半点食欲。

"妈妈,我跟你说过多少次了,别让爸爸在学校门口摆摊!"我终于忍不住,冲妈妈喊道,"同学知道了,会怎么看我?他们会嘲笑我的!"

妈妈脸色不悦,放下筷子,不解地问:"孩子,你爸只是想多赚点钱,让咱们家的日子好过一些。他这样做有错吗?"

"可我不想被同学看不起!"我眼圈泛红,委屈地说,"你们能不能考虑一下我的感受?"

我多想拥有那种令人羡慕的家庭,父母如同电影中的主角,优雅、成功,能让我在朋友面前自豪地介绍他们。而不是如今这般,父母是做小摊生意的,一家三口挤在40平方米的破房子里,我连一间自己的房间都没有。

妈妈在卧室中间拉了一道帘子,将房间一分为二,隔出一个狭小的空间,这就是我的"房间"。除了一张单人床和一张书桌,再容不下其他家具。

夜晚,我心不在焉地做着数学题,什么圆锥曲线,空间向量。哎呀,太难了!真是一个头两个大。好累呀!作业一会儿再写吧,我决定刷手机,放松一下。我浏览着春季流行服饰和新上市的化妆品,心中满是欢喜。

可惜,家境不好,省吃俭用一个月,才买了一支大品牌唇彩。上学的时候不敢用,只有放假的时候,偶尔涂涂,臭美一番。

想到这,我把唇彩拿出来,在嘴唇上涂上一圈,亮晶晶,真好看!正当我对着小镜子顾影自怜时,身后的帘子被猛地拉开。

"哗啦"一声,吓得我手一抖,唇彩掉到了地上。

父亲怒不可遏地站在我身后,质问我在做什么。我一时语塞,不知道该如何辩解。我被父亲斥责了一顿,唇彩也被没收了。但是我心里很不服气,肯定是他摆摊生意不好,故意把怨气撒到我头上。

临睡前,我隐约听到父母在帘子那头小声嘀咕说:"我赚钱养家,给谁丢人啦?倒是她,不学无术,吃不了一点儿学习的苦。真正应该感到丢人的是她。"

黑暗中,我气鼓鼓地发了一条微博:东西都是别人家的好,包括父母。

高三开学,得知小兰选择住校,我心动了。于是,我以住宿学习气氛好为由,向父母提出请求。住宿一个月要多出800元开销,爸爸闻言面露难色,但是一想到有助于学习,还是点头应允了。

住宿后,我彻底放飞自我,难题懒得做,直接抄小兰的。月考没考好,我借口是紧张造成的,妈妈叹气,爸爸摇头,好在未加苛责。

一天中午放学,我意外收到了爸爸的短信,他邀请我去学校附近的西餐厅坐坐。

好难得,爸爸竟然穿了正装和皮鞋,打扮得像一位职场精英,与平日里的形象大相径庭。爸爸为我点了一份46元的意大利面,自己却只点了一杯柠檬水。

简单寒暄了几句,爸爸说这年头生意难做,他托人在外省找了一份厨师工作,明天就要启程了。他让我不用担心日常开销,在学校,想吃什么就吃什么,千万不要亏待自己。他叮嘱我,妈妈身体不好,让我听话,不要总气她。

想到父亲即将去外地打工,连患哮喘病的母亲都顾不上了,这一切都是为了给我筹集上大学的费用,以保证我顺利完成学业。突然,我的心里很不是滋味,针扎似的难受。眼前的意大利面变得味同嚼蜡,难以下咽。

我找了一个理由,匆匆离开。

刚迈出餐厅,我意识到还没跟父亲好好告别。转身之际,时间仿佛凝固了,我目睹了令人永生难忘的一幕:父亲正低着头,大口吃着我几乎未动的意大利面。

"爸爸,您怎么……"我惊讶地问。

"孩子,别误会,不是你想的那样。"爸爸满脸羞红,慌忙解释,"我不是饿，就是觉得好好的面浪费了，怪可惜的……"

那一刻，我恍然大悟，自己的虚荣与自私让我忽视了父亲背后的默默付出与牺牲。他或许给不了我最好的人生，但是他给我的一定是他能力范围内最好的生活。父爱的伟大与深沉，让我瞬间泪崩。

"爸爸，我错了，以前是我不懂事！"我紧紧抱住父亲，泪水如决堤般涌出，心中满是悔恨与愧疚。

"好了，不哭！不哭！"父亲的声音带着哽咽，轻声安慰我，那份坚强背后的柔情，让我更加心痛不已。

曾几何时，我一直埋怨自己的出身，羡慕家境好的同学，却从未想过，父亲正以他坚实的肩膀，为我撑起了一片天。而我呢，却连一点学习的苦都不愿吃，选择安逸，虚度年华。

电影《当幸福来敲门》中有一句经典台词："你若有勇气说出再见，生活也会还你一个崭新的开始。"其实，我一直在逃避的，不是父母卑微的职业，而是那个不求上进的自己。

父亲外出务工，我搬回家中，努力学习之余，尽力替母亲分担家务。渐渐地，我的心境发生了转变，能够坦然地在同学面前谈论父母，不再畏惧他人的眼光和评价。

我在微博上写道："爸爸并没有因为钱难赚就不赚了，妈妈并没有觉得孩子不听话就不要了，所以我也没有资格说累就不努力了。"

一模考试，我第一次跻身班级前列。母亲很高兴，奖励了我一双名牌运动鞋。我让她赶紧退掉，因为我现在对这些奢侈品不再感兴趣。我要将全部精力投入到学习中，用优异的成绩回报父母，成为一个有担当的女儿。

当我再次站在人群中，回望那璀璨的灯光时，我不再感到自卑。无论我的父母从事何种职业，无论我的家庭有多么平凡，我都拥有一份属于自己的幸

学习不是为了别人，而是你自己

福与骄傲。父母不但赋予我生命，还给了我无尽的爱，这些是任何外在的光环都无法比拟的。

你在为谁学习、谁能替你学习？

父母无法永远为你兜底

谷 煜

我假装生病不去学校，爸妈却假装身体健康供我上学。

青春年少的心，明亮，奔腾，却也有几分无理的霸道。那霸道，如同旷野的风，使劲地吹，吹开了与成长息息相关的东西，比如无知无畏、自以为是。当它们超出青春所承载的极限和底线，才发现所有的恣意都有令人心痛的成全。

一

宋宁性格开朗，像个假小子，即便是上了中学，依然我行我素。爸妈一直唠叨着："女孩子大了，要稳稳当当的，文静一些。"宋宁听了，并不以为然。

放了学，她从车棚推出自行车，大声招呼着："走啦，去球场踢球了，迟到罚买冰激凌……"

声音的速度和自行车的速度一样快，飞一般飘向了马路对面。后面一群男生女生嬉笑着追了上去。

她招呼同学们踢球，但她自己却不踢，只使劲地给同学们加油，跑来跑去地做后勤工作。一场乱哄哄的球踢下来，每个人都是气喘吁吁，汗流浃背。宋宁看着他们开心地笑，随即大手一挥，带他们去吃冰激凌。天色渐黑，同学们慢慢散去，各自回家。

> 学习不是为了别人，而是你自己

其实，宋宁并不喜欢踢球，她只是喜欢被同学们包围着的感觉。她觉得自己太孤独了，到家后，一个人默默地吃饭、写作业、洗漱、睡觉。夜深，爸妈才回到家，那时候，自己早就睡着了。第二天一早，父母匆匆叫起她，潦潦草草吃几口饭，便又要出门，当然，他们不会忘记一成不变的"每日一句"：路上慢点，好好听课，自己长本事才行啊！

宋宁的眉头一下子就皱了起来，除了这句话，真不知他们还会说什么。对了，他们还会说：别乱花钱啊，咱家没多少钱了！

宋宁心里烦透了，没好气地"啊"一声，再没有一个多余的字发出。

早自习铃声响过，宋宁才慢悠悠地走进教室，英语老师看到她的样子，大声叫住她："宋宁，站住，为什么又迟到了？"

宋宁斜眼看了英语老师一眼，自顾往座位上走。老师看她无视的样子，很是恼火，上前拉她。宋宁抬手挣脱，大声叫道："干什么呀？"她这一抬手，正好打在老师的眼镜上，眼镜落地，镜片破碎。

教室里顿时安静下来，仿佛空气都停止了流动。

宋宁虽然心里也是微微一颤，但还是执拗地一声不吭。处理的结果自然是被叫家长。

宋宁看着妈妈急匆匆赶来，满脸堆笑，柔声柔气地说着好话，请老师原谅，还保证一定会好好管教孩子……妈妈的样子让宋宁心里涌起一丝莫名的快感。她觉得，只有此刻，妈妈才是重视自己这个女儿的吧。

回家路上，宋宁看妈妈眼中有泪，本想讲一句："妈，我只是心情不好……"可听着她无休止地唠叨，一下子又不耐烦起来，使劲叫一声："你烦不烦？我都知道了！"

说完，宋宁跨上自行车猛地一下子蹿了出去。

她知道，无论她怎样表现，爸妈还是会送她到学校，还是会给她足够的零花钱。

二

　　中学的学习毕竟还是紧张的，同学们都渐渐投入到学习中去了，几乎再没人陪着宋宁疯。后来，她学会了逃课。有几次，她偷偷溜出去，被老师抓到，又是批评教育又是叫家长。这天早起，她给老师写了请假条，说自己生病了，然后背着书包优哉游哉地准备去古玩市场闲逛，她喜欢那些奇奇怪怪的东西，觉得和历史书中的很多东西相通，很有意思。她不敢从近路走，那条路旁是菜市场，爸妈在那里卖青菜，如果被他们发现了，自然免不了一场"狂风暴雨"。

　　其实，宋宁自己心里也明白，父母之所以起早贪黑，就是因为在菜市场工作的原因，这里的工作特点就是早出晚归。

　　这个念头只是一闪而过，并没有过多地在宋宁心头停留。她绕道去古玩市场，要路过一家医院。走过医院围墙的时候，她忽然发现围墙不远处下的座椅上坐着一个人，那侧影，特别像她爸爸。她放慢脚步，慢慢向前走，仔细观察。

　　远远望去，那个人有点疲惫，呆呆望着远方，好像从树上落下的一片叶子，安静，沧桑，似有许多的沉重。

　　宋宁一步也不敢往前走了，转身疯跑起来，她怕自己被发现。

　　宋宁一直跑到跑不动了为止，气喘吁吁地一屁股坐在马路边上，越想越觉得不对劲，但也实在想不到原因。

　　抬头看着天，一片片云，大的小的，厚的薄的，巧妙地变换着形状。许久，宋宁觉得好没意思，磨磨蹭蹭向学校走去。

　　学校传达室爷爷看到她，关心地问："孩子，怎么这么晚才来学校啊？"

　　宋宁吞吞吐吐地说，早上身体不舒服，现在好多了，所以才来。

爷爷听了，直夸宋宁是个带病坚持上学的好孩子，赶紧开了大门，让她进来。

这一天，宋宁很安静。

放学回家，她没有像往日一样睡去，她在等爸妈回家。依然是很晚，爸妈终于回来了。她假装睡着，竖起耳朵听他们聊天，断断续续中，她知道了许多自己不知道的事情。

原来，爸爸是去医院复查，他得了一种慢性病，需要很多钱。但他和妈妈文化水平不高，只能靠卖力气挣钱。他们不想让孩子知道，为了给孩子提供更好的生活，他们起早贪黑拼命地努力着，以至于根本没有过多的时间和精力照顾到孩子……

宋宁听着，把头深深地躲在了被子里，她想起爸妈为什么要让她好好学习，为什么说家里钱不多却依然给她足够的零花钱，宋宁的泪水慢慢溢出来。

我假装生病不去学校，爸妈却假装身体健康供我上学。爸妈，我原来是想尽一切办法让你们重视我、爱我，却不承想，你们一直深深爱着我；因为有你们的护佑，让我在爱里迷失了方向，恣意妄为，但现在我明白，父母是没有办法永远为我兜底的啊……

第二天早起，宋宁依然听到了那句熟悉的"每日一句"，这次，宋宁甜甜地答应着："知道了，爸妈，放心吧！"

她决定，以后要和爸妈一起出门，早早去学校，从喜欢的历史开始，全面突击各个学科。

成长就是这样的奇妙，往往只在一瞬间。当然，它需要最疼爱你的那个人的成全，这个人便是父母。他们的爱，是无私的，但却不可能永远为你托底。因为你的人生，终需你来执缰策马，奔跑于旷野，让生命绽放出甜美的芬芳。

你在为谁学习，谁能替你学习？

如果你在一个平凡的家庭长大

闫荣霞

别人在聊天的时候，我在学习；别人在打球的时候，我在学习。

在那片被岁月轻抚的乡土之上，我的故事悄然铺展，如同田野间随风摇曳的麦穗。

我出身于一个农民家庭，我的父亲和宣传画里的农民形象一个模样，皮肤晒成古铜色，像上了一层棕色的釉彩；一笑起来满脸褶子。他抽着旱烟卷，手脚粗大，笨口拙舌。

他和我的母亲一样，都是不识字的。我的父亲因为要记工分的缘故，还会在墙上画几个歪歪扭扭的数字，我的母亲一字不识。

在我的幼年以及再往前推几十年，孩子们读不读书其实都没什么要紧，会做农活才最要紧，因为会种地就饿不死。至于女孩子，一般会早早嫁人。

记得读初中的一个冬夜，我的父亲坐在光线昏暗的屋子里的一张破椅子上，吧嗒吧嗒地抽着旱烟。屋子中间生着煤火，煤火上倒扣着一口长把铁锅，锅下的煤火口上摆着一圈红薯，快熟了，香气越来越浓，像水一样流漾在煤烟和旱烟交织成的混浊空气中。

我放下作业本，搓搓手，准备吃一顿冬天的宵夜。是的，已经半夜了，我还在写作业。白天有一道数学题没弄懂，晚上想把它啃下来。

但是我在数理化方面的天赋实在太差了，一直搞到半夜。当我静悄悄地

> 学习不是为了别人，而是你自己

在本子上演算数学题的时候，母亲正在昏黄的电灯泡下纳鞋底子。然后她一扭头看见我还没睡，吓一跳："你还没睡？"

那个时候，我已经读初三了，很快就要考高中。

那真是一段漫长而艰辛的学习之旅。

我学习到半夜，有时甚至忘记了时间的流逝。每当遇到难题，我都会死磕到底，一遍遍地做题，一遍遍地思考，直到找到解题的钥匙。

终于，在初三的第二学期，我仿佛突然间开了窍，那些曾经困扰我的数理化难题，如今都能迎刃而解。凭借着这种类似于幸运光环的加持，我居然顺利考上了本县的第一中学。

然而，进入高中后，我发现自己数理化的优势似乎逐渐消失，那些曾经熟悉的公式和定理，如今却变得陌生而遥远。于是，无可奈何之下，我只好放弃理科，转而投身文科的怀抱里。

文科的学习没有了数理化的逻辑与推理，取而代之的是大量的记忆与理解。我再次拿出了那股不服输的劲头，开始拼命背诵美国南北战争的起始时间、政治经济学的理论框架、诗词歌赋的韵律与意境……到现在我仍旧能够对美国南北战争的起始时间脱口而出，对政治经济学说出个一二三。因为都是下功夫背过的。语文的诗词歌赋更不用提。

可以说，我差不多是凭着死记硬背的本事考上了大学。

我很幸运，因为我们那一代毕业生可以包分配，哪怕工作也许不那么尽如人意，但省了一番找工作的奔波和焦虑。

很多同学都在父母的帮助下进入很好的工作单位，我却被分配到一所乡下的普通中学。低矮、破旧的瓦房两三排，桌椅板凳不是破桌面就是烂桌腿，我们的宿舍里竟然还有很大一只蜘蛛在头顶结网，俨然想把全部房顶都占为自己的领地。

> 你在为难学习，难能替你学习？

夏天没有风扇，冬天没有暖气，那个大煤炉子动辄被学生搞灭。他们的手脚都生了冻疮，我也冻得腿疼得厉害，因为我的宿舍也是煤炉子，而我不会伺候这玩意儿。

那时改革开放没几年，是一个风险与机遇并存的时代。有的没有考上大学的同学，父母给他投资，他办企业赚的钱也许一下子就能够抵得上我一辈子赚到的钱。我却要做着一份薪酬微薄的工作，就好像一个小孩子背着一把木头枪，骑着一匹竹子做的马，深入成年人的丛林世界，"单枪匹马"打天下。

但是，那又怎样？谁都靠不住的时候，我还能靠自己。

这么多年，是真的只能依靠自己。在工作中，我遇到了难题也只能靠自己，因为我的家庭对于我工作中遇到的困难两眼一抹黑，甚至都不知道那是什么东西。至于生活中的困难，他们也无能为力。多少次深夜痛哭，天亮了，洗把脸，日子仍旧要过下去。

我认命，同时又活得很坚持。

我坚持在乡下中学教书的时候，每天晚上要跑老远去那个土墙垒成的旱厕如厕的同时，还在背着英语单词——而我教的是语文。

我努力工作的同时，学习英语，学习绘画，学习写作。别人在聊天的时候，我在学习；别人在打球的时候，我在学习；别人在玩扑克牌的时候，我在学习；别人在呼呼大睡的时候，我在学习。

我也不知道学这些东西有什么用，但是学习使我快乐。

如今，我已经换了工作单位，是我新单位的领导点名调我过去的，因为我是他们急需的那种人才。

我的身后仍旧无所依靠，这么多年，我像一块小小的岩石，凭着自身的重量承受雨打风吹。不是不想躲在谁的身后，安安心心地呼呼大睡，一切都有

> 学习不是为了别人,而是你自己

人替我张罗好的日子想必一定很美。但我既然没有,那就低下头,拼命拉着自己的破旧平板车,顶风冒雪,慢慢前行。

你在为谁学习，谁能替你学习？

劝你读书的是父母，
受益的是你自己

范方启

学习很苦很累，但父母更怕你在生活上遭罪。社会的舞台并不宽容，当你走出家门，你将面对的是无数竞争与挑战。所以父母的期望并非苛求，而是希望你能拥有一个更加美好的明天。

回首自己的成长历程，父母在我耳畔的唠叨就像背景音乐从未间断："要好好读书！读书不用功，求神仙也没用。"倘若能像打点滴那样直接把书中的知识注入孩子的身体，做父母的肯定不会有丝毫犹豫。在他们眼中，这世上似乎没有什么比优异的成绩更管用的。可怜天下父母心，然而令人苦恼的是，父母的一片良苦用心却常常不被孩子理解。

学习很苦很累，但父母更怕你在生活上遭罪。社会的舞台并不宽容，当你走出家门，你将面对的是无数竞争与挑战。所以父母的期望并非苛求，而是希望你能拥有一个更加美好的明天。

我所熟悉的阿灿就如我一般，当初也没把父母的话当回事。阿灿出身于一个极其普通的工人家庭，父母都没读过多少书，收入也都不高。他的父母有一点是相似的，在读书的时候，没有好好珍惜，进入社会后，才体会到读书是多么的重要。厂里的那些高学历技术人员，无疑是他们最好的参照物。人家的

学习不是为了别人，而是你自己

工作虽然看似就是轻松地写写画画，但新产品源源不断地诞生，给厂里带来了让人眉开眼笑的效益，技术人员所得到的报酬是普通工人的好几倍。阿灿的父母有一个共同的心愿，那就是自己的孩子将来也应该跟厂里的技术人员一样。阿灿到了上学的年龄，父母便不断在他耳边念叨："孩子，要好好读书，只有读书才能有出息，只有读书才能吃香的喝辣的。"话糙理不糙。

可是，阿灿的心思全然不在读书上，他更喜欢和小伙伴们在外面尽情玩耍，爬树、捉虫子、踢足球、藏猫猫，多有意思呀，每天都玩得不亦乐乎。对于父母的劝告，他总是左耳朵进，右耳朵出，耳朵无门，所以也就进不了心中。

尽管对学习不怎么上心，阿灿的成绩倒也不是无药可救，比上不足比下有余。坐在教室里，他就是提不起精神，觉得学习枯燥乏味。上课的时候，他的脑海里总是浮现出爬树和打闹的快乐情景，作业也经常敷衍了事。老师多次找他谈话，希望他能把心收回到课堂上来，但他却不以为意。若问他以后有什么打算，他立刻脱口而出，像父母一样当工人。在他的眼里，当一个工人也没什么不好的。

正所谓明天和意外不知哪个先到，该来的终究还是来了。阿灿的父亲突然失业，本来就不怎么宽裕的家庭，日子过得更加紧巴了，阿灿常常看着别的孩子吃零食而眼馋。母亲脸上的愁容像雨天的云，父亲像迷途的羔羊一样忙乱地找工作，但带回来的通常是唉声叹气，阿灿也慢慢快活不起来了。

有一天，阿灿路过一个建筑工地，竟看到父亲正在吃力地扛着沉重的水泥，整个人就像从灰堆里挖出来的一样，汗水湿透了他的衣衫。那一刻，阿灿感觉父亲老了许多，心中一阵酸楚，差点落泪。父亲也看到了阿灿，父子俩你看着我，我看着你，都不知说什么好。可能是注意力不集中，父亲一个不小心摔倒了。阿灿吓坏了，大声叫着父亲，急忙跑过去扶起他。父亲强忍着疼痛，看着阿灿，重重地叹了一口气。"孩子，好好读书，别走爸爸这条老路，走这条路，有你吃不尽的苦头。"那一刻，阿灿的心灵受到了极大的震动。想到自己曾经的贪玩和不懂事，阿灿的心中充满了愧疚。他仿佛看到了未来的自己，如果不努力读书，也许找一个扛水泥的活儿都不是那么容易。他想起了父母一直以来的劝告，那些曾经让他觉得厌烦的话语如今也不再厌烦了，细细品味，饱含着父母的关心与期望。

从那以后，阿灿像变了一个人似的。他不再贪玩，而是把更多的时间和精力都放在了学习上。每天早上，他都会早早地起床，背课文，背单词。上课的时候，他摒弃一切杂念，专心致志地听老师讲课，遇到不懂的问题，就会虚心地向老师请教。放学后，他会主动帮家里做点家务，让辛苦操劳的父母也能放松放松。有付出就会有回报，他的成绩在逐渐提升，从班级的中等水平上升到了前几名。老师和同学都对他刮目相看，父母的愁眉也渐渐舒展开来。

随着时间的推移，阿灿不再把读书当成一种负担，当攻克一道难题时，那种快乐的心情简直无法言喻。他在书的世界里遨游，眼界逐渐宽广起来。古今中外的文学名著，让他体会到了人生的不同滋味。而《时间简史》《物种起源》这类书籍，则帮助他了解了宇宙的奥秘和生命的起源。

高考一步步临近，阿灿深知这是他人生的一个重要节点。既然来了，就要尽自己的一切努力去迎接。他明白，信心无疑建立在脚踏实地之上。冲刺吧，少年！机会只青睐有准备的人。

功夫不负有心人。顺利通过高考，就等于拿到了一枚通向光明未来的金钥匙。阿灿紧紧攥着这枚金钥匙，虽然说人生的路有千条万条，条条大路通罗马，但能进入高校，将来就业的选择就会更多一些。大学四年，阿灿丝毫不敢虚度光阴。专业是自己选的，那就要把那门专业学透。果然，大学毕业后，阿灿以过硬的专业技能进入一家知名企业。在工作中，阿灿很快就得到了领导的赏识和同事的认可。在陌生的城市，阿灿站稳了脚，他立刻想到辛苦了一辈子

> 学习不是为了别人,而是你自己

的父母,也该把他们接过来,让他们过上无忧无虑的日子。

谈到自己的成长经历,阿灿感慨万千。他深刻地体会到,劝自己读书的是父母,而受益的却是自己。在现实生活中,像阿灿这样的例子还有很多。他们或许出生在不同的家庭,有着不同的人生经历,但他们都有一个共同的特点,那就是通过读书改变了自己的命运。

"劝君莫惜金缕衣,劝君惜取少年时。花开堪折直须折,莫待无花空折枝。"在我们的人生中,读书的时光是最宝贵的。让我们珍惜这段时光,努力读书,不断充实自己,为自己的未来增添更多的选项。因为读书不仅能让我们拥有丰富的知识和广阔的视野,还能让我们在面对困难和挑战时更加从容自信。读书是我们成长的阶梯,是我们通向成功的桥梁。让我们在书的海洋中畅游,汲取智慧的养分,为自己的人生书写更加精彩的篇章。

父母只能给你生活，
但读书可以给你人生

高雪艳

父母能顶着五点钟的寒风干活，你六七点钟拿的书本并不冻手。

人生中的第一个起点，是父母为我们铺设的生活基础。无论贫富，父母都在自己能力范围内，尽力为我们提供最好的物质条件。从出生的那一刻起，他们便用自己的双手为我们撑起了生活的天。

然而，父母能给你一间书桌，却不能帮你完成学业；能给你一日三餐，却不能替你消化知识。读书，才是通向未来人生的通道。人生最重要的投资，不是物质，而是精神的积累，而这积累最直接的方式就是读书。

一

从前，有一位少年总觉得命运对他格外苛刻。这天，他终于按捺不住内心的困惑，决定去拜访村里的老学者。老学者备受村民们的尊敬，许多人都说他见多识广，能为迷茫的人指引方向。少年怀揣着满腹疑问，来到学者家，迫切地问道："我该怎么改变自己的命运？如何才能过上像别人一样的好日子？"

老学者听了少年的问题后，沉默片刻，没有急着给出答案。只见他从柜子里取出了一颗小小的种子，递给少年，意味深长地说道："你拿着这颗种子，

> 学习不是为了别人，而是你自己

种下去，认真照料它，等一段时间后再来找我。"

少年虽不解其意，但还是按学者的指示回到家，将种子埋在了院子的角落里。每天，他都会早起为这颗种子浇水、除虫，悉心照料，期盼着它快点发芽。他以为种子很快就会破土而出，但日子一天天过去，泥土依然毫无动静。时间久了，少年的耐心开始消耗殆尽，他开始感到一阵阵的失望，甚至认为这颗种子根本就是坏的。

就在他想要放弃时，脑海里却浮现出学者的那番话，于是少年暗自思索："或许再努力一会儿，种子就会发芽吧。"就这样，抱着再试一试的心态，他继续浇水、拔草、耐心等待。

终于，在一个清晨，少年无意间发现那片泥土微微鼓起，一点点绿色的嫩芽从土中冒出。那一刻，少年激动不已，觉得所有的辛劳和等待都有了回报。他连忙去找老学者，带着这株小小的芽儿，将经过讲给老学者听。

老学者看着少年的神情，微笑着点了点头。"这就是人生的道理啊。"他缓缓说道，"父母为你提供了土地和养分，就像这片土壤，为种子的成长打下基础。但你必须靠自己，勤奋努力，才能让它真正发芽。"

少年似懂非懂，但老学者接着说道："你看，这颗种子就如同你的知识，而读书便是那让种子成长的水和阳光。刚开始你或许看不到结果，就像你每天浇水却看不到发芽，但只要坚持下去，总有一天，这颗种子会破土而出，成为一棵茁壮的树。你的人生也是如此，不要急功近利，也不要因为暂时的停滞而灰心。命运不会因为你的出身而注定失败，它更取决于你是否愿意付出努力。"

任何成就的获得都需要时间和耐心。当你每天努力用功读书，把时间和心血倾注在学习上时，即便短时间内看不到成果，你读过的每本书也早已在持续不断地耕耘下，悄然在你的内心生根发芽。

二

李明生长在一个普通的小城市，父母是工厂里的普通工人，日夜辛苦劳作。尽管生活拮据，但他们始终相信"读书能改变命运"。从小，李明耳边总会响起父母的叮嘱："我们没读书，所以吃了一辈子的苦，你一定要好好读书，才能过上好日子。"

然而，进入初中后，李明开始对父母的话感到厌烦。他的生活逐渐被游戏填满，整日过得潇洒自在。相比之下，认真学习的同学因为成天埋头苦读，焦虑备考，看起来并不快乐。李明逐渐迷失，觉得父母的"苦口婆心"都是陈旧的观念，自己想要过的是"自由"的生活。

李明开始逃避学习。每次放学回家，他把书包随手一扔，立刻打开电脑沉迷在游戏里。父母看到他的成绩一落千丈，心急如焚，反复劝他："孩子，你再这样下去怎么办？我们辛苦是为了你有个好前途，你不能像我们一样没有出路。"可李明不耐烦地回怼："你们那套老观念我听够了，不读书也能赚钱！"

家里的气氛越来越紧张，父亲甚至气得拍桌子："你再不认真，我们的苦就白吃了！"而李明心里却觉得，读书没用，挣钱才是实在的。他把父母的失望视作一种压迫，人也越发叛逆。

很快，初中毕业了，李明的成绩惨不忍睹，只能选择去职校。父母无奈地叹息，曾经的劝诫成了一种痛心的沉默。李明反而觉得是一种解脱，自己终于不用再为学习发愁，挣钱过日子才是正道。然而，现实的第一击很快落在他身上。

毕业后，李明找到的第一份工作是在工厂，日复一日的流水线作业枯燥乏味，每天重复相同的动作，让他感到极度疲惫。工友们大多和他一样，没什么学历，每天十几个小时的体力劳动，换来的工资仅够维持基本的生活，李明逐渐感受到无力和失望。几个月后，他实在受不了这份工作，选择辞职。

离开工厂后，李明又去做了外卖骑手。刚开始，他觉得这份工作灵活自由，

> 学习不是为了别人，而是你自己

不用在固定的岗位上机械劳动，但很快他发现，风吹雨打都要按时送餐，客户的不满、公司的罚款都能压得他无法呼吸。每天拼命跑完几百公里，收入依然微薄。

一天，在送餐的路上，李明穿着略显脏乱的骑手服，电瓶车上一袋袋餐品随着颠簸不停晃动。他匆忙地赶往下一单，额头渗出细密的汗珠，骑行速度却不敢慢下来。正当他将一份外卖递给一位顾客时，旁边不远处传来一阵对话，声音刺耳得让他不由自主地转头看去。

那是一对母女。母亲正用嫌弃的眼神扫视着李明，语气中满是讽刺与不屑："你看看，不好好读书就是这个下场，整天风吹雨淋地送外卖，那可是要吃不少苦呢！"

她指着李明，像在给女儿上人生的一课。小女孩低着头，似乎有些不安，却没有反驳，只是轻轻点了点头。李明握着外卖袋的手微微发抖，心里一阵刺痛，那句"读书没用"的固执念头在这一刻被打碎成无数碎片。曾经的轻狂、叛逆在这一刻仿佛成了一面镜子，照出了他现在的狼狈。

那位母亲的话像一根利刺，狠狠扎在他的心上。李明忽然想起了自己的父母，他们也曾这么劝导过自己，千叮万嘱要他好好读书，可他当时的回应却只有冷漠与叛逆。现在，他的心中满是无奈和悔恨。生活的每一击都让他逐渐清醒：不读书，就丧失了选择命运的权利！

不读书的人生才是最苦的。那些看似轻松的日子，最终一定会让你付出更大的代价。父母能顶着五点钟的寒风干活，你六七点钟拿的书本并不冻手。珍惜手中的书本，珍惜父母给予的机会。把生活的保障当作起点，通过读书来改写自己的人生篇章，这才是改变命运最有效的力量。

只要读遍万卷书，你想要抵达的高峰，就不再是遥不可及。

读书这条路虽然充满了汗水与艰辛，但终将在你的努力下，将美好一一馈赠于你。

> 你在为难学习，难能帮你学习？

不能选择出身，但可以选择人生

李晓玲

不要以起跑线太靠后为借口安慰自己，你的脚下是一场马拉松，拼的不是起点，而是你的坚持。

正值周末，我接到了转校生马涛母亲的电话，说马涛父子俩因为买不买手机的问题吵了一架，马涛便离家出走了，他母亲希望作为班主任的我能帮忙找找。

挂断电话，我立刻前往学校找马涛，最后在学校的保安室找到了他。

通知家长找到人后，我坐在他身边，静静地等待着他先开口。就这样坐了五分钟，见我不说话，他疑惑地问我："老师，您不想知道我为什么会离家出走吗？"

我轻轻抚摸着他的头回答："你愿意告诉我吗？"马涛一边说一边流泪："我不就是想买一部手机嘛，班上的同学都有就我没有。人家英语不好可以补习，我英语不好就只能坐以待毙，为什么就我出身在这样的家庭里？如果我家再富裕一点，我肯定能学得更好！"

"我给你讲个故事吧，好不好？"我一边递纸给他，一边说。他缓缓点了点头。

一

筱雅出身于一个贫困的农村家庭，父亲有孤独症，总是待在家里不出门。

> 学习不是为了别人，而是你自己

妈妈体弱多病，在村里的制衣厂上班，领着微薄的工资，爷爷奶奶在村里扫大街，闲时也会到处捡废品补贴家用。

从小到大，为了不给家庭增加负担，筱雅从未参加过学校组织的游玩活动，她始终坚信只要努力学习，总有一天她也能看见别人未曾见过的风景。

筱雅今年读初二，初中在镇子上，同村的同学们总是几个人拼一辆面包车去上学，而筱雅每天坚持走半个多小时的山路去上学。看着筱雅脚底因走山路磨出大大小小的水疱和伤口，妈妈十分心疼，也提出让她跟同学拼车上学，却被筱雅拒绝了。看着妈妈自责的神情，筱雅赶紧开玩笑说："饭后走一走，活到九十九。"看着如此乐观的她，妈妈露出了欣慰的笑容。

当同学们都在用触屏手机听歌、拍照，只有筱雅坐在座位上，拿着外壳已经褪色的二手按键手机，插上能看见金属线的耳机，听着耳机里播放的英语单词。

刚上初一时，筱雅的英语基础不好，单词发音不准，导致听力完全听不懂，英语成绩总是不理想。当她从同学口中得知手机可以用来听歌时，她便萌生了买手机听英语单词的念头。

为了不增加家里的负担，她利用每节课的下课十分钟完成老师布置的作业，然后瞒着家人利用放学回家和周末的时间去捡废品攒钱。就这样在不耽误学习的前提下，她捡了一个学期的废品，终于攒够了买二手手机的钱。

买到手机后，她鼓足勇气找英语老师帮忙给她的手机上传英语单词。由于内存不足，她总是背完当天学习的英语单词就删掉，然后第二天又上传新的单词。就这样，她利用每天上下学的步行时间听单词、背单词，坚持了一个学期，她的英语成绩突飞猛进。

二

由于筱雅英语成绩每次都是年级第一，于是她被选去市里参加英语竞赛。

> 你在为谁
> 学习，谁能
> 替你学习？

　　这是她第一次离开家，她感到非常激动和兴奋。她坐在干净宽大的汽车里，看着窗外的高楼大厦和川流不息的车辆，城市的繁华程度远比她想象的还要夸张。一想到跟她一样从未出过远门的家人，她默默地流下了眼泪，但内心却也更坚定了用读书改变自己人生的想法。

　　到了比赛的学校，大家坐在教室里等待老师发卷子。等待的过程中，筱雅从其他同学的口中得知，为了这次比赛能得名次，大部分同学还专门去找专业的英语老师补习。而她的复习方法，就是每天早起晚睡，刷了无数遍英语老师给她的一套又一套英语竞赛习题。

　　比赛结束后，筱雅回到了家里，她开心地与家人分享她到市里的所见所闻，大家也被她浮夸的肢体动作逗得哈哈大笑。看到笑容满面的家人，筱雅内心的信念又坚定了几分。

　　经过了一周的等待，英语竞赛的结果出来了，筱雅不负众望地拔得头筹，站在领奖台上的她流下了幸福的泪水。

　　中考进入倒计时，筱雅全身心投入复习。她为自己制定了一套复习计划，每天早上五点起床背书，晚上十一点休息。为了省电，她每天晚上都会点着蜡烛去灶台旁做练习题。

　　就这样日复一日地努力，筱雅如愿以偿被市里的重点高中录取。

三

　　随着高中知识难度越来越大，家庭条件好点的同学都利用周末去补习偏弱的科目，而筱雅遇到不懂的题目，会先找老师请教。理清解题思路后，她利用周末回家去镇上的图书馆，在里面用手机上网找同类型的题目抄在本子上，先做五题，不会的话再做十题，就这样一直重复做题，直到看到这样的题目就能想到解题思路为止。

> 学习不是为了别人，而是你自己

回家后的筱雅也并不是整天都埋头苦读，早上六点，她会帮忙爷爷奶奶出去扫大街，她一边扫一边跟爷爷奶奶分享学校里的生活。扫完后回家洗衣做饭，干完家务活后她才会开始学习。

有天晚上，筱雅收拾好家务后便开始做题，因为做得太认真，没注意时间，直到半夜妈妈下班回家，催促她去睡觉，她才起身休息。妈妈看着女儿脸上深深的黑眼圈，不禁红了眼眶。

高中三年，筱雅不断地尝试各种有效的学习方法，不断调整作息时间，最终整理出一套属于自己的有效的学习方法。她依靠自己的坚持和努力，在学校年年拿一等奖学金，最终以优异的高考成绩被理想的大学录取。

四

见我停下来没说话，马涛着急地问我："后来呢？"

"后来筱雅从大学毕业，从事着自己喜欢的工作，逢年过节会给家人买新衣服，带家人去下馆子。饭桌上看着家人们脸上流露出满足和幸福的笑容，筱雅感到前所未有的快乐，因为她知道她选择的人生正在越变越好。"

见他若有所思，我轻轻地拍了拍他的肩膀，语重心长地说："每个人原生家庭条件的好坏都是自己无法选择的，但是我们可以选择自己的人生。所以请你不要以起跑线太靠后为借口安慰自己，你的脚下是一场马拉松，拼的不是起点，而是你的坚持。"

周一一大早，我便看见马涛拿着手机从办公室出来。我刚进办公室，英语老师就高兴地跟我说："你们班马涛居然来找我上传英语单词和听力的资料，要知道在我的课上，他的脸从未离开过他的桌子！"

我听后欣慰地笑了，因为我知道他已经选择好了未来想要的人生。

贰

世界上没有不劳而获,
也没有坐享其成

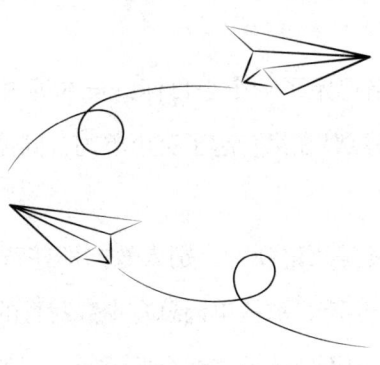

> 学习不是为了别人，而是你自己

间歇性的勤奋，
持续性的一事无成

彦双鹰

你间歇性的努力和蒙混过关的日子，都是对之前努力的清零。

中考时，我的英语只考了45分，拉了我全科的后腿，最后我只能进一所普通高中。而与我玩得最好的同学，其他学科成绩都和我差不多，但他英语考得不错，所以他去了一所重点高中。

之后，我暗下决心：我一定要好好学英语，高考时，可不能让英语再拖我后腿。

一

暑假刚到，我就给自己定了一个小目标：一本英语课本后的单词表在两周内都要背会。所以，我默默在家背起了英语单词，同伴喊我打游戏我也没有理会。

我背英语单词，始终是死记硬背，别人教的那些背单词的规律，在我这里并不管用。我一边背一边忘，那些单词总有少数我真的记住了，也总有多数怎么也记不住。于是，总记不住的被我做个标记便丢下了，心想：过几天再看这些难记的单词吧，先记简单好记的……才一周下来，单词表上便密密麻麻的都是标记，看得我连连直叹。然后，英语课本也被我丢下了：先放松放松吧，等等再背。

接下来，我跟同伴打了几天游戏，游了几天泳。英语，先随它去吧。

浑浑噩噩又几天过去了，虽然正玩着，可我总感觉心里缺点什么，有些郁闷，甚至连玩也提不起我的兴致。回头一想，症结所在还得是英语。

晚上，我坐在桌前再翻翻课本，发现之前会的那些少数单词，又忘了。"这样怎么行，不能再玩了，我得好好背单词，要不然高中我英语还是那样差。"我心里如是想。

我又捡起了课本。这一次，真的坚持了 10 天，我终于将那本书的单词表背会了一半。可暑期，也过了一半。

不行，这样效率太低了，我还是不背单词了，改背课文吧。也许背英语课文的同时，单词也记住了，语感也有了，简直是一举三得！这样一想，我兴奋起来，又给自己定了一个目标：还有一个月，我就把《新概念英语1》所有文章全背了吧。毕竟书的首页有讲，这本书涵盖的知识可达到中考水平。我这初中三年，英语就跟没学差不多，中考那 45 分都是蒙的，只能从头开始，就这么定了！

我跳过了自己认为肯定会的课文，直接从第 29 篇文章开始背。背了半个月的书，不是很熟，看着译文默写课文，我依然是一半会一半不会。

"算了，我努力了，也尽力了，先这样吧。"我有点焦虑地想。现在假期只剩半个月了，我得出去旅游，不好好玩一下，如何迎接高中生涯？

二

高一军训结束后正式上课的第一天，晨光熹微之时，室友们都还熟睡着。

我迎着天将亮时的第一缕晨光，快速地从床上爬起来。我蹑手蹑脚地洗

> 学习不是为了别人，而是你自己

了一把脸，便拿上昨天新发的英语课本，站在了窗前。我轻轻推开窗，探出头去深吸了一口稍有凉意的空气，然后赶紧缩回头开始了我的英语单词背诵……

当室友陆续起来，我也结束了我的晨读。一位室友夸赞我说："你好用功，军训刚结束就能这么早起来背单词了，换我可起不来，腿还酸着呢。"

我笑了笑，没说话，拿上牙具走进盥洗室，思绪也跟着飘散：这都开学了，我那《新概念英语1》还没背完呢，高一课本都发了，只能先学新课本了……可是，单词真的好难记啊！

如此下来的高一时光，我喜欢上的学科课程，时光总是过得很快；我喜欢写的课程作业，也不是很费时。但是，英语依旧是我的"瘸腿难题"，不过我在努力，只是断断续续的。

班主任曾找过我，说我的中考成绩他看过了，其他学科都挺好，就是英语要好好努力，平常要多花些时间在英语上，确保英语在高中阶段能赶上来。我肯定地回答他："好，我知道，我一定努力！"

可是，课后时间，我总是先做我喜欢做的其他学科作业，英语作业却总是磨磨蹭蹭到最后。它对我来说实在是太难了，那些单词，就算我将不知其意的都用字典查一遍，我仍写不出答案，字典查到最后，我依然很茫然。最终结果是，英语作业还是靠抄同学的。

我感觉我努力了，平常单词在背，课文也在背，上课也听了。只是努力一段时间后，我便颓废了，感觉自己英语一点进展都没有，考试还是全靠蒙……

在一次英语课堂上，我竟然睡着了！

英语老师将我唤醒，让我课后去办公室找她。我心里咯噔一下，这下完了，老师肯定要批评我一顿了，我又有些自责起来：这些天，我好像没真正碰过英语。

到了办公室，我缓缓走到英语老师面前，垂着头，嗫嚅半晌。当我抬起

> 世界上没有不劳而获,也没有坐享其成

头,发现老师正看着我,我立刻又低下头去,一下子倒出了所有我英语学习过程中的苦水。

老师认真地看着我:"你的情况我了解,你这些天的学习表现我也看在眼里。你并不是学不好英语,英语还能有数学、物理难吗?你理科能学得很好,语文也不差,怎么可能学不好英语呢。只是,你总是努力一阵,又知难而退一阵,这样再简单的东西,你也学不好它。你要知道,你间歇性的努力和蒙混过的日子,都是对之前努力的清零。"

"你也不必管它难不难背、好不好学,你只需要背,用力背,直到将它背得滚瓜烂熟为止。还有,英语就跟母语一样,不要一开始就背诵那些复杂句型的句子,你要先从最简单的开始。就像你说的,从《新概念英语1》开始,从第一篇课文开始,当然也可以从初一的课本开始,好好背诵,要天天大声背诵。从今天开始,一直背到高三,我就不信了,你的英语成绩还能上不去!"

三

听了老师一番话,顿时惊醒了我这个梦中人。

是啊,我自中考后开始,就一直将英语挂在嘴边。来来回回努力,反反复复放弃。然而英语学习,哪里是一蹴而就的事,我那间歇性的努力,又能有什么用呢,还不是又得从头再来。

正如那副自勉对联:"贵有恒,何必三更眠五更起;最无益,只怕一日曝十日寒。"英语学习不会立见成效,我们可以将它培养成一个长期的习惯,形成一种生活方式,一直努力,不再知难而退,水到自然能渠成。

于是,我不再彷徨,真正放下心来好好读英语单词,读英语句子,从最简单的开始。让每天读英语,逐渐成为我的学习习惯、我的生活习惯,一切自然而然,再不管它到底是好是坏。

> 学习不是为了别人，而是你自己

游戏随时都能打，
但中考却只有一次

白枫麟

你总是习惯把问题留到明天，把希望寄托给未来的自己，可你有没有想过，当下的你才是真的你。最后你输掉的不只是昨天，还有本该灿烂的人生。你总觉得还有时间，这就是问题所在。

我从来不相信"乌龟"能跑赢兔子，因为对于有实力的"兔子"来说，无论何时何地都能轻松超越他人。然而，随着岁月的流转，我逐渐意识到这种自以为是的想法是多么荒谬和可笑。

作为游戏界的高手，在虚拟世界里，屏幕上跃动的光影在我脸庞上交织，仿佛引领我踏入了一个全新的境界。在这里，我是主宰，是无所不能的大英雄，与枯燥无味的学习生活形成鲜明对比。

放学铃声一响，我拎起书包，飞奔而出，不慎撞上了班长小杰。他问我干吗这么急，赶火车呀！

"不是赶车，我着急上线，组队'吃鸡'。"我朝他挥手示意，几步跃上马路。

妈妈上晚班去了，留给我三十元点外卖。我从冰箱取出牛奶和面包，简单对付一顿就是晚餐。我并非因单亲家庭，体谅母亲赚钱不易，才舍不得点外卖，而是我要用这些钱购置游戏装备。俗话说"人靠衣装，马靠鞍"，没有好

> 世界上没有不劳而获,也没有坐享其成

的装备,技术再好,也是枉然。

时间一到,组队完成。我作为队长,率领众人穿越火线,计划"直捣黄龙"。不料,半路杀出一个"程咬金",将我的部署全盘打乱。

"咔嚓"一声,大门开了,妈妈下班回来了。我匆忙下线,翻开数学卷,佯装解题。妈妈见我桌上的面包袋,责备我不点外卖,总吃垃圾食品。

她让我保护视力,别一直盯着课本。我扶了扶厚如酒瓶盖的眼镜片,乖巧地说:"妈妈,我知道了。做完这道题,我就休息。"妈妈闻言,摸了摸我的头,满意地离开了房间。

我立刻反锁房门,上线与队友会合,因我突然下线,队伍损失惨重,装备掉了不少。我试图力挽狂澜,和队友激战到午夜,也没能挽回损失。队友怨声载道,纷纷指责我指挥不当。

我反驳了几句,悻悻地下了线。一看表,凌晨两点。

糟了,明天数学摸底测试,我该怎么办?

由于太困,加上没复习,我的数学成绩一落千丈,甚至不及格。要知道,上学期期末,我数学全班第一,连班长都望尘莫及。此次测试不及格仅有三人,我赫然在列,颜面尽失。

数学老师很生气,给我妈打电话,指责我学习态度不端正。妈妈为我辩解,说我每晚做题到深夜,这是发挥失常,必有隐情。数学老师要求查看我的练习册,上面没有任何修改痕迹,一看就是上网抄的答案。

"你这样欺骗你母亲,欺骗老师,实际是在欺骗自己。没有人能替你的人生负责,除了你自己。"数学老师苦口婆心地规劝我,中考在即,希望我能多花点时间在学习上。我嘴上应承着,心里却想着游戏里那场未完的战役,以及如何能更快地升级装备,打败那个突如其来的强敌。

上线后,又遇"程咬金",他似乎跟我有过节,一直跟我较劲儿。今晚,

> 学习不是为了别人，而是你自己

我又被他打得落花流水。突然，他私信加我好友。我马上通过，心想：哼，看我不好好奚落你一番。老虎不发威，你当我是"凯蒂猫"。

加上好友，我惊奇地发现，"程咬金"竟然是班长小杰。

"你真无聊，上网耍我玩呀？"我生气地质问他。

"我只想告诉你，我不但数学成绩能打败你，就连游戏也能轻松碾压你。"班长得意扬扬地说。

"数学是我的强项，我只是一时大意，让某人领先了。只要我肯用功，超过你是分分钟的事。"我反唇相讥。

"我看未必吧。你总是习惯把问题留到明天，把希望寄托给未来的自己，可你有没有想过，当下的你才是真的你。最后你输掉的不只是昨天，还有本该灿烂的人生。你总觉得还有时间，这就是问题所在。游戏只是逃避现实的避难所，而非真正的生活舞台。"班长说完这句话，直接下线了，留我一个人干瞪眼。

内心深处，一丝不易察觉的迷茫在悄然蔓延。我愣住了，手中的鼠标似乎也跟着变得沉重起来。我开始反思，自己是否真的满足于在虚拟世界中寻找成就感，而忽略了现实生活中那些更为重要的东西，比如亲情、梦想。

夜晚，我辗转反侧，心中愤愤不平：班长说那些话是什么意思？是在小瞧我吗？觉得我不配做他的对手？

好，我就让他见识一下我真正的实力。既然睡不着，干脆起来做题好了。不料，刚翻开数学书，手机上收到队友留言，让我去救场。

我哪好意思拒绝，立刻进入游戏界面。正玩得尽兴时，门外突然传来妈妈的惨叫声。

我急忙冲出房间，只见妈妈在卫生间摔倒了，脚踝受伤。医生诊断是骨裂，情况比较严重，需要住院治疗。妈妈满脸愧疚，说她现在不能打工，也无法照顾我了，但早已为我存好了上高中乃至大学的费用，让我不用担心。

> 世界上没有不劳而获，也没有坐享其成

  我发现曾经很美的妈妈，竟然在我不知道的时候生了很多白发和皱纹。一瞬间，心中的愧疚和自责如同潮水般涌来。我握紧她的手，泪眼婆娑："妈妈，对不起！我不该瞒着您！"随后，我向妈妈坦白了因打游戏导致成绩下滑的事。

  妈妈轻抚我的头，温柔地说："知错能改，善莫大焉。"

  游戏什么时候都可以玩，但是中考只有一次。我毅然卸载了"吃鸡"游戏，全心全意地投入到学习中来。我利用一切时间来恶补落下的课程，过程虽然艰辛，但看到成绩逐步提升，那份成就感和满足感是任何游戏胜利都无法比拟的。

  班长说我的眼神变了，他又看到原先那个斗志昂扬的少年了。我对他说了一声"谢谢"，感谢他在游戏世界中唤醒了我。不然，我会像龟兔赛跑中的兔子一样，自以为遥遥领先，可以肆无忌惮地放松，殊不知在懈怠的过程中，我已经失去了领先的优势，彻底输掉了这场比赛。

  中考的日子如期而至，走出考场的那一刻，我心中异常平静。我知道，无论结果如何，我都已经尽力了，并在这个过程中，我收获了比分数更宝贵的自律和责任。

  最终，我以优异的成绩考入重点高中。作为初中部的优秀毕业生，在毕业典礼上，我站在台上，面对台下的师生，心中充满了感激。

  "成功的花，人们只惊羡她现时的明艳！然而当初她的芽儿，浸透了奋斗的泪泉，洒遍了牺牲的血雨。"我大声朗诵冰心的这句诗，将它献给每一位不懈努力的学子。

  如今，我已从虚幻的游戏世界中彻底抽身，明白了真正的挑战与成就，源自于现实生活的奋斗。未来的路虽很长，但我已做好了准备，带着家人的爱与期望，勇往直前，在人生的舞台上书写属于自己的精彩篇章。

别让"我很笨"成为懒惰的借口

范方启

> 我深怕自己本非美玉，故而不敢加以刻苦琢磨，却又半信自己是块美玉，故又不肯庸庸碌碌，与瓦砾为伍。于是我渐渐地脱离凡尘，疏远世人，结果便是一任愤懑与羞恨日益助长内心那怯弱的自尊心。
>
> ——《山月记》

背着沉重的书包，迈着轻快的步子，7年级学生苏瑶步入了陌生的校园。这校园比她原来的学校要大得多，也气派得多。校园就像一座美丽的大花园，在花丛中穿梭的女孩就像快乐的蝴蝶，而男孩子又多像扑棱着翅膀的小鸟，一切都是那么新奇。不过，她的眼神中却没由来地透着一丝迷茫和不安，是对即将开始的中学生活产生了恐惧之感吗？她自己也不清楚。

进入初中的第一次英语考试，让苏瑶傻眼了，试卷上一个又一个红叉分外刺眼，像一双双无情的巴掌，打在她的脸上，让她恨不得找一条地缝钻进去。苏瑶合上试卷，生怕有人会拿起她的试卷，那该多丢人呀。好在没有谁注意到她，周围的同学都在讨论着题目和答案，瞧他们眉飞色舞的神情，苏瑶有点嫉妒。

回到家，苏瑶非常害怕父母问起考试的情况。可能是父母对于考试的事情信息不畅，只是觉得女儿心情不怎么好，母亲特意为苏瑶做了几道平时她爱吃的菜。苏瑶哪里吃得下，她把试卷揉成一团，塞进了垃圾桶的最下面。她躺

> 世界上没有不劳而获，也没有坐享其成

在床上，泪水不争气地流了下来。"我真的很笨，怎么就学不好英语呢？"她在心里嘀咕着。

从那以后，一到英语课，苏瑶就有些害怕，她怕老师找她上黑板听写，更害怕读单词。她反复地叮嘱自己，一定要争一口气，不就是一门英语吗？大不了比别人多花一些时间。坚持了一段时间，作业本上照样出现红叉叉，单词就是记不住，她于是泄气了，觉得自己特别笨。既然自己天生愚笨，就算花再多的时间死磨烂打也不会有多大的进步，该怎么办？课堂上，苏瑶总是心不在焉，老师在讲台上激情澎湃地讲解着语法和单词，她却望着窗外发呆，思绪飘向远方。当老师向她提问，她都紧张得心跳加速，支支吾吾半天，只能引来哄堂大笑。她越来越害怕英语，也越来越不想在英语上做无用功，"反正自己就是一个笨蛋，是笨蛋就别指望蜕变为天才了"。从此，笨，成了她的挡箭牌。接受了笨这个事实后，她也不觉得自己有什么过错，反正世上的笨人也不止她一个，他们不也该吃就吃、该喝就喝，别人乐，她也跟着乐。

别的同学进图书馆，她也进去。除了英语，她的语数成绩还可以。有一天，她不经意间抽出了一本书。书不怎么厚，封面设计对上了她的胃口，至于内容，单从书名来看，对人或许是有帮助的，也许她最需要有一颗勇敢的心去面对自己的学习。她要用自己虔诚的手，去触摸那颗勇敢的心。书中讲述了一个又一个勇敢面对困难、挑战自我的故事。有一个和苏瑶年龄相仿的孩子，一开始学习成绩也很差，被同学们嘲笑，但他没有放弃，而是通过自己的努力，一步一步地提高自己的成绩，最终成了学校的骄傲。这个故事并不精彩，却深深打动了苏瑶，也许是同病相怜吧，苏瑶开始反思起自我来：自己的成绩差真的是因为自己笨吗？和人家比努力，自己的努力只怕连人家的零头都没有。想到这儿，苏瑶感到有些惭愧。

从那以后，苏瑶试着再次改变自己。她慢慢意识到，人真正的敌人是自己，能战胜自我的人才是了不起的人。每日天还没亮，曾经迷途的女孩就起床了，打开英语课本，认真地背诵单词和课文，反反复复，不厌其烦。虽然还是记不住，但她不准自己泄气，她明显感到自己瘦了不少。上课的时候，她不再发呆，而是全神贯注地听讲，眼睛紧紧地盯着老师，生怕错过任何一个知识点。她认真地做好笔记，用不同颜色的笔标注出重点和难点。遇到不懂的问题，她不再像以前那样逃避，而是勇敢地举起手，向老师请教。放学后，她会留在教室里，完成当天的英语作业。她会仔细地检查每一道题目，确保自己的答案准确无误。做完作业后，她还会找一些额外的练习题来做，不断巩固自己所学的知识。

为了提高自己的英语口语水平，苏瑶还加入了学校的英语角。一开始，她不敢开口说话，只是默默地听着其他同学交流。她害怕自己说错，害怕被别人嘲笑。但是，当她看到其他同学那么自信地用英语表达自己的想法，她的内心充满了羡慕。她想起了书里的那个孩子，他也是从害怕到勇敢，一步一步地成长起来的。于是，苏瑶鼓起勇气，用不太流利的英语表达自己的想法。虽然会出错，但她不再害怕，因为她知道，只有不断尝试，才能进步。

时间在无声无息地流淌，苏瑶也没时间去说自己笨了，一心投入到紧张而又快乐的学习之中。学习过程中得到的收获，原来令人如此的快乐。她同时也体会到，凡事一旦全身心地投入，其中的辛苦是超乎想象的，成功似乎只对那些迎难而上的人温情脉脉。

"咬定青山不放松"，经过长时间的不懈努力，苏瑶的英语成绩有了显著的提高。在一次英语演讲比赛中，她勇敢地报名参加了，走出了挑战自我的实实在在的一大步。经过精心的准备，她站在讲台上，自信满满地用英语讲述着自己的故事。她的声音洪亮而有力，那一刻，她仿佛变成了一颗闪闪发光的星星，照亮了演讲大厅。

> 世界上没有不劳而获，也没有坐享其成

苏瑶终于明白，"我很笨"只是一个借口，一个让自己逃避努力的借口。只要勇敢地迈出第一步，坚持不懈地努力，就一定能够战胜困难，实现自我超越。原来，她一直深怕自己并非美玉，故而不敢加以刻苦琢磨，却又半信自己是块美玉，故又不肯庸庸碌碌，与瓦砾为伍。有了这想法，于是她便渐渐地脱离凡尘，疏远世人，结果一任愤懑与羞愧日益助长内心那怯弱的自尊心。

> 学习不是为了别人,而是你自己

那些让你害怕的,
终会让你更加强大

风荪乔

没有谁的人生之路会是一片坦途。追梦路上,有风有雨是常态,风雨无阻是心态,风雨兼程是状态。因此,不必畏惧考验,更无须害怕磨砺,你要相信,这些过往的磨砺都会变成你的礼物。

小时候的我天不怕地不怕,不知道从什么时候开始,我渐渐变得畏畏缩缩,不敢主动争取机会,也不敢尝试把握不大的事情。越来越害怕他人投注在自己身上的目光,害怕自己没法满足他人的期待,害怕失败后被他人嘲笑。

时光却告诉我,不仅仅是骑士和王子可以勇斗恶龙,我也可以一路打怪升级,高歌猛进。那些让我们害怕的、畏惧的事物,终会在我们日复一日强大自己的过程中,成为我们成长的阶梯。

一

刚上高一那会儿,我特别喜欢上化学课。我很想看化学老师做实验时,不同成分的化学试剂碰撞之后发生的奇妙反应,或是变色,或是产生新物质,感觉像变魔术一样神奇。常常在上课前,我就开始期待化学老师今天会做什么实验。

有一天，化学老师拿出一套实验装置，满脸期待地问台下的我们："有哪位同学想上来做一下这个实验吗？"

老师等了一会儿，发现教室里还是鸦雀无声，接着对我们说："别紧张，按老师教的步骤来就好了，我也会在一旁指导的。"

我跃跃欲试，老师一说完，就立马举起了手。老师欣慰地说："很好，就由你来做这个实验吧。"

可没想到的是，我一拿起其中一瓶化学试剂，手就止不住地抖了起来，压根就没办法控制。哪怕我一直在心里对自己说"别紧张，没什么好怕的"，还是不起任何作用，手依旧紧张得发抖。

化学老师好像看出了我的窘迫，对我说了几句鼓励的话。但那时的我被困在焦虑的情绪中，脑袋乱成一团，完全没听清楚她具体说了些什么。我只是点了点头，机械地按照步骤操作着实验器具，一心只想早点完成实验，离开讲台，远离同学们的视线。

我偷偷瞥了眼台下的同学，感觉他们好像都在嘲笑自己，觉得这次真的丢脸丢大了。实验终于做完的那一刻，我如释重负，立马跑回自己的座位，不敢和身边的任何人对视。

其实，下课后，并没有同学取笑我双手发抖，反而认为我很勇敢，但我的勇气却好像停在了那一天。

二

在那之后，我便十分害怕做实验，也不再敢自告奋勇上讲台答题，很害怕再次发生失误。我甚至开始害怕起所有需要动手实操的任务，默默为自己贴上"动手能力弱"的标签，以此掩饰自己内心的不安。

这种一听到要做实验就紧张的情况，日渐加剧。每次上实验课前，我都恨不得自己那天生病了，可以请假不去实验室。

依稀记得那天，我和往常一样，迈着沉重的步伐走进实验室。那次要做的实验需要合作完成，我偶然和一个不太熟悉的同学组成了一队。我犹豫着不知道要从何下手，当着陌生同学的面操作实验器具，让我更加慌张了。

她看出了我的不安，温柔地说："做实验紧张很正常，做错了大不了再做一遍，加油。"

我默默想着：是啊，哪怕真的操作失误了，找到失误的地方及时调整过来，再做一遍实验就好了，又不是只有一次做实验的机会。哪怕是人生，也有容错率，更何况只是做实验而已，没必要那么害怕。

于是，我小心翼翼地拿起化学试剂，先用玻璃量杯量取需要的剂量，接着倒进另一个杯子中，有条不紊地进行着实验。终于，我们顺利地完成了这次实验，我所担心的一切都没有发生，我的双手也不再发抖。

原来，当我专注地享受实验过程，不预设成功或失败的结果时，那些困扰我的紧张、焦虑，也自然而然地消失了。

迈出实验室的那一刻，我大口呼吸着教室外的空气，感觉阳光分外明媚，路边的野花野草也变得可爱起来。之后再做其他实验，我的双手没再发抖过，我也不再害怕上讲台答题了。

我重新找回了自己的勇气，不再害怕犯错、害怕失败，而是全力以赴地面对每一个挑战，坦然接受所有结果。

三

后来，我也遇到了许多令我害怕的事，害怕演讲、害怕考试、害怕面试、害怕竞争……我所害怕的事物，在我人生的不同阶段中，与我如影随形，但我不再忐忑不安，而是直面它们，全力以赴，不留遗憾。

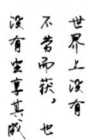

世界上没有不劳而获，也没有坐享其成

有人说："没有谁的人生之路会是一片坦途。追梦路上，有风有雨是常态，风雨无阻是心态，风雨兼程是状态。因此，不必畏惧考验，更无须害怕磨砺，你要相信，这些过往的磨砺都会变成你的礼物。"

往往不是困难成就了我们，是不惧困难的我们成就了自己。很多时候，眼前的事物并没有想象中那么可怕，是我们的不自信、害怕失败，放大了这种恐惧，是我们亲自给自己加大了战胜困难的难度。

允许出错，允许失败，勇敢迈出第一步，去做那些让你害怕的事情，你会发现，直面恐惧的时刻，也是你成长最快的时刻。

> 学习不是为了别人，而是你自己

如何让学习像刷剧一样上头

王辛未

你要沉溺下去，神仙也救不了你；你要成长，绝处也能逢生。

八月的空气不带一丝凉意，燥热得难受，宋淼淼穿着一双夹脚凉鞋，推着一只笨重的行李箱，慢吞吞地朝火车站挪动。

"妈，你的心真狠，我可是你亲女儿。"宋淼淼回头，像一只搁浅的鱼回望大海。

"快走吧，我跟你表姐都说好了，这个月你就在她那儿，好好写暑假作业。"妈妈像赶鸭子一样，不带一丝留恋地将宋淼淼赶上火车。

宋淼淼气呼呼坐在火车上，刚想拿出手机来刷会儿剧消气，可从口袋掏出来才发现，最新款的智能手机被老妈换成了奶奶的老人机，除了接打电话和看时间外，几乎毫无用处。

在注意到周围人看她如看出土文物般的眼神后，宋淼淼嫌弃又不好意思地将老人机揣回兜里。能怪谁呢，一切都是自己作的。

宋淼淼平生第一爱：追剧。

高一下学期一结束，宋淼淼就像鸟入林、鱼归海一样彻底恢复自由。暑假刚开始的一星期，她把自己锁在房间，美其名曰学习，实则每天抱着个手机，在各大视频平台轮番看剧，有时追剧追得上头，直接熬通宵。

终于，在好几次第二天四五点入睡而错过早餐时，妈妈发现了异常。看着宋淼淼因刷剧被熬黑的眼圈，妈妈气不打一处来，直接没收了她的手机。

这下可急坏了宋淼淼，她坐在书桌前，对着暑假作业一个字也写不下去，脑子里都是正在追的那部电视剧。在命悬一线的时刻，主人公得救没，后续情节会怎样发展？想到被中断的剧情，宋淼淼的心犹如一千只蚂蚁在啃咬。

都说急中生智，还真让热锅上的宋淼淼找出了解决办法。虽然被没收了手机，但家里还有一部更大的电视机，幸好她追的那部剧在卫视上也有播。于是她趁着爸妈上班之际，大摇大摆在客厅看电视，然后在爸妈回来前几分钟，迅速关闭电视机，回到自己房间假装学习。

但妈妈不是吃素的，知道宋淼淼不可能那么老实，于是回来第一件事就是摸电视机，检查它是否发热。为了对付妈妈的这一招，宋淼淼也想出了一个主意，她提前在冰箱冻了一些冰袋，每次看电视的时候，就将冰块敷在电视机后背为其降温。

果然这一招骗过妈妈，但让宋淼淼没想到的是，她的自作聪明，险些害得亲妈因触电差点原地升天。妈妈这次真的被气狠了，直接将她打包扫地出门。宋淼淼坐在火车上，一边懊悔自己差点闯出大祸，一边又生气妈妈的不近人情。

下了火车，一出站就看到了戴着眼镜、学术气十足的表姐。其实宋淼淼和这个表姐不太熟，她们差了整整十岁。在她玩泥巴的时候，表姐已经是一名高中生了；她上小学的时候，表姐以优异成绩考入大学；她上初中，表姐在考研究生；如今她读高中，表姐已经读到了博士。

表姐将她带到自己宿舍后，说："我室友回家了，不用拘束，安心在这住吧！"

虽然表姐这样说，但宋淼淼却一点儿也安心不起来。虽然宋淼淼和表姐都带了"女"这个属性，但她直觉告诉她，自己和表姐不是一类人。说实话，她对表姐的感觉,崇敬之外还有一丝敬畏,唯独没有亲近。

看着表姐宿舍的笔记本、平板电脑、智能手机,一应俱全,简直是刷剧的利器,但她不想一来就给表姐留下坏学生的印象,因此使劲忍着不去碰。当表姐写论文的时候,她也乖乖拿出暑假作业来写,想要好好表现,给表姐留个好印象。

可宋淼淼到底高估了自己,半小时不到,她就坐不住了,屁股在凳子上左挪右挪,好像上面有钉子似的难受。

"怎么了?"表姐关切地问。

"我写不下去,表姐,你的平板电脑能不能借我玩一会儿。"

"又想刷剧了,是不是?"

"表姐,你怎么知道?"

表姐眉毛一挑,看着她说道:"你说呢?"

宋淼淼一下子明白了,肯定是妈妈跟表姐说了自己干的"好事",她立刻用手捂住脸,把头塞到枕头底下:"哎呀,丢死人了。"

"好了,说说吧,你为什么这么喜欢刷剧?"

"姐,你不觉得刷剧比写作业有趣多了吗?"

"那是你没体验过学习的快乐,只要你能让学习像刷剧一样上头,你就再也不觉得写作业枯燥了。"

"怎么可能?"

"不信是吧,好,我来帮你分析一下。每次刷剧的时候,是不是觉得故事情节特别有趣,特别有吸引力?你甚至会幻想自己就是里面的主人公,经历着非凡的人生?"

"嗯嗯。"宋淼淼点点头。

"每次一集结束的时候,刚好到了剧情关键处,吊足了你的胃口,让你期待下一集。"

"嗯嗯。"宋淼淼再次点头。

"因此软件设置的跳过片头片尾、自动播放下一集,能让你毫无阻碍地将期待感和愉悦感无缝连接起来,对吧?"

"嗯嗯。"宋淼淼一副"你真懂"的表情。

"其实,这并不难理解。电视剧的爽点,催生着让你感到快乐的多巴胺,而每一集结尾的吊胃口和下一集的自动播放功能,则刚好对应了你对'及时满足'的渴望。但是你知道吗,人生的第一个果实越甜,以后的果实就越苦,你现在享受的刷剧的快乐,都是以你未来高考失败的痛苦作为代价的。"

"可是姐,我该怎么办?我也想学习,但我就是学不进去,一学习我就痛苦。"

"你之所以坚持不下来,是因为学习从来都是以'延时满足'作为回报的,它要求你先经历学习的苦,再享受快乐的果实。既然这样,我们不妨在它前期的苦中,加一点糖。"

"还能这么做?"

"当然,想想看做什么能让你快乐,可以是一件漂亮的衣服、一顿大餐、一次旅行,但必须是除了刷剧以外的。假设是一件标价200元的衣服,你可以和姨妈商量,通过你每天戒断刷剧、完成作业一次来换取10元的奖励,这样你只要连续做20天,就可以买到喜欢的衣服了。"

"还有,"表姐继续说,"你感到学习痛苦,很重要的一个原因是,学习毕竟是需要动脑的,而刷剧只需要有眼睛和耳朵就够了。人性的特点永远是喜欢做简单的事情,讨厌做有难度的事情。所以,你需要做的是,降低学习难度,如果持续学一小时很难,那就从半小时开始,如果还有难度,那就从十分钟开始。人都有适应性,找到让你舒服的最小阻力目标去完成,然后一点点往上

> 学习不是为了别人,而是你自己

加,你就能越来越毫不费力。"

"当你渐渐体会到学习的高级快乐之后,学习自然能像刷剧一样令你上头。但两者的本质区别是,学习最终会为你铺就一条光明的康庄大道,而刷剧除了会让你得到短暂的快乐,其他什么也给不了你。言尽于此,你自己选吧。你要沉溺下去,神仙也救不了你;你要成长,绝处也能逢生。"

表姐的话,给了宋淼淼极大的心理震撼。她并非不想戒掉刷剧的坏习惯,但就是无法控制自己,现在既然有方法可以让自己改变,她愿意试一试。

一个月后,宋淼淼回到家,她已经不再是刷剧的奴隶,而是学习的主人!

如何持续保持高效的学习状态

竹 一

大多数的人很难拥有持续的毅力和自控能力，如果你有，那你脱颖而出的概率就会更大。

谁能想到，我在大一迎新晚会上，看到了初中同学王琛在台上表演说唱。

王琛是我的初中同学，我俩曾经都在县一中的平行班。那时候我是班里的前几名，他是班里的后几名，后来我去了另一个县城读书，没有关注过他，没想到竟然在同一所"211"大学遇见。所以我很好奇，他这种可以说是逆袭式的成长，到底使用了什么学习方法。

后来在校友组织的老乡会上，我俩加上了微信，我跟他说："迎新晚会上你太帅了！高中到底发生了啥，让你这成绩突飞猛进！"

他说："没想到吧，我也没想到。多亏我高中遇到了一位好老师，帮助我重新建立了好的学习习惯。后面我慢慢开始掌握了学习方法，再加上我的认真努力，才好不容易考上这所学校！"

王琛像是回忆起了很开心的事，跟我分享了他高中的逆袭故事。原来，王琛在高一的时候有幸遇到了一位姓于的援疆老师，这个于老师从辽宁一所比较好的高中过来教学一年，刚好教到王琛。于老师很懂得利用青春期少年们的求知欲，每次上课都先提一些生活中的小问题或者做一些小的物理实验。王琛还记得有次讲到自由落体运动，于老师从同学那里借了一本书、一张纸，用左手拿着纸、右手拿着书并且同时松手,书比纸先落地,但是把纸放在书上一起松手的时候,两个一起落地。王琛一下子理解了物体自由落体时,并不是我们认为的重快轻慢,如果没有空气阻力,重的和轻的物体的下落速度是一样的。这个课堂小实验让他一下子涌起了对物理的好奇,原来从生活的角度来看,物理学习是有趣的。

王琛课下去找了于老师,问怎样可以学好物理。于老师并没有一开始就告诉他用什么样的方法能学好,而是先跟他说,知识其实就来源于我们的生活,我们每个人都能学好。于老师还特意跟王琛说很看好他,让他一定要相信自己能学好。学习的过程也一定要有耐心,学习是最不能急于求成的,不要想着学一遍就能记住、就能应用到解题中。天才是很少数的,每个人有适合自己的学习节奏。有的人适合学三五遍,有的人适合学八九遍,学多少遍没有关系,重要的是自己到底有没有真正地学懂。

王琛一边听着一边也明白,老师可能怕自己是三分钟热度,所以想先帮自己建立正确的学习态度。他也理解老师说的,自己初中的基础差,想要学好肯定是要付出一番努力的。他做好了心理准备,暗自下决心要看看自己认真学习结果会怎么样。他又继续问于老师,自己基础差也没有好的学习习惯,该怎么保持高效的学习状态。

于老师看他学习态度端正,脸上露出了微笑,老师也大概明白,眼前的这位少年一定是真的想好好学物理了。于老师跟王琛说,如果他想学,那就做一件事,就是有不懂的知识就搞懂它,对于每次不理解的部分逐个击破,进行刻意练习。对于不会的、容易错的知识点,进行有针对性的学习,把不会的地方强化到自己能掌握为止。在刻意练习的时候,还要打破原有的学习习惯,不是先学习知识点,再做习题,再学习新的知识点;而是先做题,再去学习,接着再做题。因为一做题就知道知识点实际应用的场景,知道哪些知识点是自己

> 世界上没有不劳而获，也没有坐享其成

掌握的，哪些知识点自己还没掌握。对没掌握的需要刻意练习去克服它，再去找到知识点所在的课本位置，看看书上怎么说的、书上案例的思路是怎么样的，理解了再去把课后习题、练习册的习题都做一遍，把自己做得慢的题目标注出来。隔两天再回头做一遍，如果还是做得慢，就再回到书上的知识点，重新去理解。

王琛按照老师说的刻意练习的方法，以用带学，先用习题检测自己的知识掌握情况，再针对不会的去学习相关的知识点，有不懂的就搞懂它。随着他对知识点的逐个击破，他的自信心也逐步提高，这就类似于他给自己建立了一个纠错本，不断纠正自己容易错的、没掌握的知识，针对性掌握后。这个纠错本里的题目数量就会不断减少。对于王琛这种基础较为薄弱的同学来说，这种带着问题去学习知识，比平常按部就班跟着老师学更有方向，学习也会更有效果。

王琛回忆自己那些辛苦做题的日子时，带着一种轻舟已过万重山的愉悦，其实做刻意练习是很消耗脑力的，因为需要自己主动思考，还很容易想不通。所以他经常去找于老师，去找学习好的同学，尤其想到于老师高二要回辽宁了，他立志要认真把初中的知识也补回来，在物理上考个好成绩。他真的用刻意练习的方法体会到了老师所说的知识是有体系结构的，将前后的知识点串联起来，做题的时候就能融会贯通了。

功夫不负有心人，王琛在高一真的就把物理的成绩提上去了，这大概也是送给于老师最好的离别礼物。王琛把这种以用带学的方法也套用在了其他科目上，花了大量的时间学习积累，才有了如今的高考成绩。

听王琛介绍完他的学习经验，真的很有共鸣，大多数人很难拥有持续的毅力和自控能力，如果你有，那你脱颖而出的概率就会更大。而我们所拥有的持续的毅力和自控力，往往来源于我们强大的内心和不断养成的学习习惯，用

> 学习不是为了别人，而是你自己

成熟的心态包容自己最初的笨拙，即使现在做不好，也要保持持续练习，给自己足够的机会去迎接梦想。那些成绩和进步，就藏在我们日复一日的坚持里。

> 世界上没有不劳而获，也没有坐享其成

妈妈，我想上高中

陈 妥

时间不语，却回答了所有问题；岁月不言，却见证了所有努力。

一

七月的暴雨来得迅疾，先是豆大的一粒粒雨珠杂乱地洒下来，紧随其后就是密集的瓢泼一般的倾泻。我们拿着打印好的试卷站在店内等雨势稍缓，这么大的动静却掩不住门侧蹲着的那个孩子的呜咽。

正是中考公布分数的日子，分数和升学去向息息相关。文印店老板没有心思做生意，也没心思寒暄，失神地看着孩子的身影不言语，孩子的分数离普高线很远，无缘高中。

"妈妈，我想上高中。"

回家时儿子走到我身边，说出了跟那个孩子一样的话，这也是他第一次对自己的学业提出明确的方向。

排队打印的时候我们目睹了这个家庭查分，孩子的分数距离普高录取线差了近50分，这也是孩子之前的学业水平。父母苦口婆心反复督促，希望他抓住最后的机会努把力，但孩子完全听不进去。他认为中考会更简单，肯定会多考好几十分轻松达到高中分数线。

"你自己不努力，异想天开靠中考发挥超常多考几十分上高中，天底下有这样的好事吗？你的分数就是你正常的水平，你不靠踏踏实实地努力学习去提高分数，分数怎么会无缘无故地高起来？不可能的呀，我们说过多少次你都听不进去，我和你爸没那个能耐让你拿着这个分数上高中！"

妈妈红着眼眶，既心疼又无奈。

"妈妈，我想上高中，他们都说中考分数会考得高一些的，我以为我也会这样。我明明比平时都考得好一些了，可是分数线为什么还是这么高。"

孩子边喊边哽咽起来，抱着头蹲在了廊下的角落失声大哭。

二

初二的儿子回顾刚刚过去的将纳入中考总分的生物、地理会考，确实有同学的分数高于平时，其实是因为那些同学付出了更多的努力和时间，课间、晚自习甚至上下学坐车的路上，都在背诵和刷题，更别提课堂上那股认真劲，最终分数提升是水到渠成的事。

而他不理想的成绩跟前面那位学长一样，就是他的真实水平，花多少时间记了多少知识点，试卷上就能答对多少题，就只能拿那么多分。天上不会掉分下来，学习就没有不劳而获的捷径。

尽管儿子被学长触动，在每一次考试分数出来后对着排名一再强调"我要上高中"，又做不到把自己迅速且稳定地调节在努力学习的状态中。

他有时候觉得自己付出努力了，但是成绩没有进步，怀疑自己是不是天赋不足。

他想认真听课，却时不时走神。

他想按质按量完成复习任务，却今天记明天忘，挫败到怀疑智商。

于是，他很多时刻不去考虑升学的事，按部就班地上课、完成作业，觉得跟同学踢球嬉闹的初中时光也很美好。他认为自己不算摆烂，经过一轮轮的复习，分数也会提高吧。

随着时间的流逝，学校的节奏开始为中考做铺垫，同学之间的学习氛围逐渐紧张。对应着分数和排名设定升学目标时，初三的孩子不得不直面这个人生议题：初中毕业去哪里？是上普高考大学，还是选职业学校？

我们也在跟孩子讨论："现在学习尚且吃力，分数和普高也有距离，高中的学业压力比初中更辛苦，需要付出更大的努力，是否能承受？如果选择读职业学校，我们作为家长是接受且支持的，会尊重你的选择。"

儿子考虑后作出决定："我想上高中，上高中了再考虑将来学什么专业。我现在想不太明白，只是知道上高中后选择会多一点，也能多几年时间去想，那个时候应该会成熟一些，仅仅因为怕学习辛苦就选读职高，我怕会后悔。"

自那以后我们约定，他不提出改主意，我们就以考上高中的目标要求他、督促他，而之前的学习状态对应的学业表现是不理想的，必须付出更多时间、更多努力，才有可能达成目标。我们跟班主任明确了选择，请班主任帮忙结合儿子的学习情况，规划接下来的学习安排。

三

进入初三，儿子把每一次考试的分数都记录在同一张表上。黑色是考试分数，红色是下一次的目标，最后一栏是中考目标成绩，工整加粗的红色数字明亮又醒目。

每一次考试都做分析，结合实际有情况针对性去攻克。

默写过的文言文全对，能把这个板块的分数拿下，进步的原因在这里。

解题步骤不规范导致错误，是失分的最大问题。

公式没有牢记，做题的时候思路对了，答案错了。

他见招拆招，不放过找出来的每一个问题，有时候背到放学后两个小时还在学校过关，有时候同一种题型反复错到情绪崩溃，但哭过又捡起笔继续。

冬天最冷的时候,哪怕是假期也到点就起来学习,要不断地超越自己,要一次次克服惰性跟自己较劲。真的很难,付出的努力要非常多,但儿子从没有说过改主意,就是要上高中,一定要上高中。直到进入倒计时100天左右,努力才初见成效,分数稳步上升。他没有放松片刻坚持,努力走到最后,终于实现自己定下的中考目标,考出了理想分数,考上高中!

时间不语,却回答了所有问题;岁月不言,却见证了所有努力。那些早出晚归的日子,那些咬牙坚持的时刻,那些疲惫入睡的深夜,都被时光打上烙印,悄无声息地组成了他想要的模样。

人生的不同阶段都有要做的决定、要负起的责任,哪怕是父母都无力分担,而这一个个选择最终决定着我们人生的走向。每一堂课用什么心态去参与,每一天的时间怎么安排,每一个学年对自己是什么样的期许,都是我们自己能选择、能决定的。不劳动就是没有收获,学习不努力就是没有好成绩。种瓜得瓜,种豆得豆,我们种下什么种子,就会结出什么样的果子,时间通通会给出答案。

如果心里隐约有"我想上高中"的念头,像我的孩子那样被触动过、思考过,那就让它清晰起来、嘹亮起来、明媚起来。把自己人生的选择权抓在手里,去定下目标,去一寸寸接近,去努力,去坚持,去追求,去如愿以偿!

早早辍学不读书的人,最后都怎么样了?

> 学习不是为了别人，而是你自己

如果当时不那么倔强，
现在也不会遗憾

雅玥凝馨

为什么很多人宁愿吃生活的苦，也不愿吃学习的苦？因为学习的苦需要你主动去吃，而生活的苦你躺着它就来了。

邻居家哥哥考入名校，母亲带我前去祝贺。看到母亲赞许的目光中夹杂着对我的期许，我有些心虚，刻意避开母亲的目光，内心一片苍凉。

从小到大，我的学习成绩一直很好，直到升入高三，学习的重担压得我有些喘不过气来。我开始出现厌学情绪，甚至还经常因为学习上的事情与母亲发生冲突。

我将学习上的负面情绪归结为遇到了瓶颈期，"减负"成了我目前唯一想要做的事。

其他同学都在有条不紊地努力复习功课，为了考上理想的大学做最后一年的冲刺，而我却将大把的时间全都用来看小说、追剧、打游戏……我渐渐发现，没有了学习上的束缚，精神上才能得到真正的放松。

母亲知道我学习压力大，稍微放松一下也是可以理解的，所以并未对我严加约束。每天放学后，我依旧挑灯夜读，母亲以为我是在为了即将到来的一模考试全力冲刺，实际上我只是在假装学习而已。

> 平平凡凡学不
> 演有动人，
> 最后都怎么
> 样了？

一模考试，我的成绩很不理想，母亲直接将卷子摔在了我的身上，对我大声呵斥道："看看你这成绩，这么简单的题都能做错，你每天上学都在学些什么？"

其实，在看到成绩的那一刻，我也很失落。原本我的成绩虽算不上一流，但也能维持在班级中等偏上水平，可是这一次，我竟一下子跌到了班级倒数几名，心理落差极大。我也想去改变，奈何长时间的"减负"，已经让我养成了偷懒的习惯。

从那以后，我经常与母亲因为学习上的事情针锋相对。母亲让我上课专心听讲，我偏偏在课堂上打瞌睡，母亲让我平时多做练习，我却在背地里偷偷地打游戏升级。

我倔强地坚持着最不应该坚持的事情，殊不知，当我们对错误的选择太过执着，是真的会耽误了自己的一生。

有一天，我正兴致勃勃地看着小说，母亲突然推开房门，吓得我直接拿出练习册压在了小说上面，随便翻开一页，假装是在做练习。我心怦怦直跳，并不敢与母亲多言，生怕被她看出端倪。谁知，母亲竟走了过来，一把夺过我练习册下面的小说，直接撕成了两半。

一股怒火涌上心头，我对母亲大吼道："你凭什么撕我的书！"

母亲沉默了一会儿，开口说道："孩子，我让你好好学习是希望你将来能有更多选择的机会，可你却将倔强用错了地方，将来是会遗憾的。"母亲失望地摇了摇头，随即走出了房间。

母亲的这些大道理我已经听腻了，我就是想试试，如果不好好学习，将来会不会遗憾。

高考成绩出来，我毫无意外地落榜了。看着其他同学都考上了心仪的大学，离自己的梦想更近一步，我才意识到："如果我当时不那么倔强，而是坚

> 学习不是为了别人，而是你自己

持学习，现在也就不会因为没有考上大学而遗憾了。"内心被残酷的现实击得粉碎，我蹲在路边，泪流满面。

为什么很多人宁愿吃生活的苦，也不愿吃学习的苦？因为学习的苦需要你主动去吃，而生活的苦你躺着它就来了。

一次偶然的机会，我去探望了在外地打工的表姐。如今的表姐，皮肤黝黑粗糙，眼神暗淡无光，明明还是如花的年纪，却透着同龄人少有的沧桑。

表姐早早放弃学业，执意选择离开家去追求诗和远方。终于挣脱了学习的桎梏，表姐内心雀跃，拿着仅有的几百元零花钱买了张车票，只身来到最向往的城市，开始了崭新的生活。

在一座陌生的城市里安身又谈何容易？衣食住行全都需要钱。很快，表姐兜里的几百元钱便所剩无几了。为了生活，她不得不开始找工作，奈何眼光太高迟迟未能如愿。无奈之下，表姐不得不将眼光降低，对工作唯一的要求也只剩下包吃包住了。

就这样，表姐在工厂里做流水线，一干就是好几年。简单而枯燥的工作让表姐莫名有些烦躁，一丝不易察觉的情绪涌上心头："自己这么年轻，明明可以从事更有挑战性的工作，为什么只有这家没有限制的公司愿意录用自己呢？"

为了能买上好看的衣服和喜欢的口红，表姐不得不起早贪黑地重复着单调的工作，晚上拖着疲惫的身躯回到宿舍，一脸倦容地躺在床上，情绪复杂。

"这生活也太苦了吧……"表姐叹了口气，自言自语道。

表姐刚发了薪水，本想去商场给自己买支口红，眼神却在无意间瞥向了镜子。只见镜中的自己眼神暗淡、脸色暗黄、皮肤粗糙……往日的神采奕奕，早已被生活消磨殆尽，她望向镜中那个陌生的自己，泪如雨下。

公司新来了一名项目经理，名牌大学毕业，与表姐同岁，年纪轻轻就已

> 早早辍学不读书的人，最后都怎么样了？

经达到了表姐无法企及的高度。而没有文凭的表姐，只能在被束缚的牢笼中艰难挣扎。

"如果曾经的我没有主动放弃学业，好好读书，现在是不是也不用吃生活的苦了。"表姐神情沮丧，略带哽咽地对我说道。

听完表姐的遭遇，我决定复读。这一次，我一定会全力以赴，不让自己的人生再留遗憾。

年少时的我们，总会遇到各种选择，以为自己坚持的就是对的，从未想过有些倔强看似微不足道，却可能会成为我们一生的遗憾。不是每一次错误的选择都有回头路可以走，所以我们要学会倾听和接受，只有这样，才能让自己的人生不留遗憾。

> 学习不是为了别人，而是你自己

被校园栅栏隔开的人生

林钰轲

让你感到后悔的不会是你做过的事，而是你没做过的事。

本以为没有学历，靠着三寸不烂之舌，也能闯出一片天地。不料，现实打脸来得太快。这边，我刚荣获"优秀员工"的称号；那边，一个突如其来的客户投诉，就将我从云端打落至尘埃。

一位中年妇女拉着一个青年冲进店里，叫嚷着退货，惹得众人纷纷侧目。

前天，那个青年在店里试穿了二十几件衣服，我全程赔笑脸，软磨硬泡，他才买了一件。结果第二天，他说不喜欢那个颜色，我又热情地帮他换好了。今天怎么又想退货了呢？

按照店里的规定：拆了标签的衣服是不予退货的。

不料，我的话还没说完，那位中年妇女就给了我一个耳光，怒吼道："小小年纪不学好，用花言巧语诓骗我儿子购物，才让他花了冤枉钱。我告诉你，这衣服必须退！"

周围围满了看客，议论纷纷。

我捂着脸颊，尽管被气得浑身发抖，却依旧耐心地向她解释。中年妇女去找经理投诉，经理冷着一张脸走出来训我，"顾客就是上帝，你不会做就换人"，最后给客人退了款。

临走前，中年妇女拿我当反面教材，教育她儿子，"你看看，不好好学习

> 早早辍学不读书的人，最后都怎么样了？

的人只配做这种工作"。

那一刻，我的心仿佛被针扎了一般，疼痛难忍。下班路上，我忍不住哭了起来。多想打电话跟妈妈诉苦呀，却迟迟按不下"拨打"键。

一年前，我高中辍学，不知道让母亲流了多少泪，伤了多少心。

我的父母都是农民，为了供我去城里读高中，他们起早贪黑地劳作，双手布满了老茧。然而，我却辜负了他们，没有珍惜来之不易的学习机会。城里的繁华与热闹，让我逐渐迷失了自己，我不再背单词，也不想考高分，只想溜出去逛街、买衣服、看电影。

上课时，老师在前面讲课，我盯着窗外走神，总想着逃出校园，化作一只自由自在的鸟儿。

高二下学期，我多门成绩不及格，彻底对学习失去了兴趣，萌生了退学的念头。父亲软硬兼施，我皆不为所动。母亲见劝说无果，给了我一笔生活费，说："既然你已满十八岁，就该自力更生了。"

当我真的跨出校园的栅栏，才发现自己除了一腔热血，竟无一技傍身。求职四处碰壁，只能从事一些简单的体力劳动，诸如服务员、保洁员等没有技术含量的工作。我在大城市兜兜转转，频繁更换岗位，勉强维持生计。

半年前，凭借能说会道，我当上了高档服装店的导购员。本以为找到了合适的工作，没想到，命运再一次捉弄了我。客户的恶意投诉，不但让我挨了领导的批评，还扣了三百元绩效奖。我站在熙熙攘攘的街头，感到前所未有的迷茫和无助。

偶然间，我路过一所大学，隔着铁栅栏，望见一群活力四射的大学生。他们有的在练习跑步，有的在打羽毛球，还有的在树荫下看书。他们的脸上洋溢着幸福的光彩，与我此刻消沉的面容形成了鲜明对比。

说实话，我真羡慕他们。他们不用为房租犯愁，也不用为下一餐苦恼，更不用应付那些刁钻的顾客，只需专注于学业。毕业后，他们作为专业人才，拥有光明的职业前景。

唉，我为何要草率退学呢？

人有时候就是这样，非要撞了南墙，头破血流，才知道后悔。那时的我，拼命想逃出的校园栅栏，如今却成了我跟大学生之间难以逾越的"鸿沟"。如今的我，终于明白了父母的良苦用心，也明白了读书的重要性。

想到这，我拨打了那个久违的号码。

"妈妈，对不起！我错了，我不该轻易放弃学业，我现在非常后悔！"委屈和痛苦交织在一起，让我哽咽出声。

"孩子啊，这世上可没后悔药卖！正所谓'少壮不努力，老大徒伤悲'。在最该奋斗的年纪，你却选择了安逸，亲手掐断了求学之路。如今社会竞争激烈，如果你没有真本事，如何能立足呢？记住，真正让你感到后悔的不会是你做过的事，而是你没做过的事，和那些你不敢追求的梦想。"母亲的话语充满了惋惜和无奈。

"你看看你现在，被生活所迫，在商场做着不喜欢的工作，这就是你想要的自由人生吗？"父亲夺过电话，恨铁不成钢地说。

我一时语塞，心中充满了愧疚与懊悔。

我开始反思人生，假如时光可以倒流，我一定会收心，安分地待在校园里，用功读书。那道栅栏，不是束缚我奔向自由的枷锁，而是为我日后人生提供更多选择的坚实屏障。

可惜，我没有"月光宝盒"，没办法穿越时空。但是这并不意味着我要放弃人生，唯有主动求变，才能摆脱现状。

月末，我跟经理提出了辞职，随后找了一份24小时营业餐厅的后厨工作。我申请干晚班，因为晚班的薪酬更高，同时可以腾出白天时间用于自我提升。

> 早早辍学不读书的人，最后都怎么样了？

我买了复习资料，报了成人自考的网课。虽然网络授课没有线下上课效果好，好在，听不懂可以反复听，还有线上交流小组。不会做的题，我都发到群里一遍遍咨询。

有时候，上晚班很累，回来还得复习、刷题、整理笔记，我真的感觉自己快撑不住了。每当想要放弃时，服装店那段屈辱的经历便会如潮水般涌来，提醒我不能再重蹈覆辙。

不行，我一定得有文凭，得有一技之长。

短短一年时间，我瘦了十五斤，但是人看起来更精神了。因为我知道，尽管这个世界上没有后悔药，但是办法总比困难多，只要我有一颗上进的心，就算道路曲折，也一样能上大学。尼采曾说："只要知道为什么而活，就可以忍受任何一种生活。"而我，要为改变命运而奋斗。

我参加了成人自考，十二月收到了录取通知书，我如愿以偿考上了一所专科学校，并被热门的机器人设计专业录取了。

在一个阳光明媚的冬季午后，我敲开了自家的大门。

母亲打开门，看见我，先是一惊，接着又是一喜。因为她看见了我手中红彤彤的录取通知书。她紧紧握住我的手，说出了那句我期待已久的"恭喜你"。

这一刻，我重新站在命运的转折点上，深深地领悟到：唯有坚定信念，不懈努力，才能从深渊里爬出，迎来属于自己的曙光。

你拼命想逃离的校园，
是永远回不去的曾经

一水间

> 如果现在45分钟的一堂课，你都坐不住，那将来100多块钱一天、12个小时的班，你只会上得比谁都认真！

一

当我拼尽全力赶上那趟即将启程的高铁，几乎是踩着点冲进了车厢，气喘吁吁地找到自己的座位时，邻座的中年男士投来了好奇的目光。我坐下后，勉强挤出一丝笑容，解释道："顺风车司机绕路去接另一个乘客，结果路上有点堵。"

男士笑了笑，以一种过来人的口吻说道："都是为了生活奔波啊。"

我点点头，思绪却飘向了远方。是啊，都是为了生活奔波。曾经，我以为逃离了校园，就能拥抱自由，就能摆脱那些无尽的考试和压力。然而，如今的我，却在生活的洪流中，被推搡着、挣扎着，一刻也不得安宁。

我的目光穿过车窗，望着远处模糊的风景，心中泛起一阵酸楚。我想起了那个熟悉的校园，想起了那些拼命想逃离的日子，如今却成了回不去的曾经。

二

我叫苏一宁，已经工作了6年。6年里，我见证了职场的尔虞我诈，经历

> 早早辍学不读书的人，最后都怎么样了？

了工作的起起落落。然而，每当夜深人静时，我总会想起那段青葱岁月，想起那个充满梦想的校园。

我记得，高中的校园里，每天都有做不完的作业和考不完的试。每一次模拟考试后，排名和分数都会像一把刀，刺痛我的心。那时候的我，总是抱怨着学习的辛苦，渴望着逃离这片压抑的天地。

我还记得，校门口那家卖鸡蛋饼的小摊。每当课间休息或是放学时，那里总是围满了人。鸡蛋饼的香味弥漫在空气中，吸引着每一个饥肠辘辘的学生。我也不例外，每次经过那里，都忍不住买上一个，热气腾腾地吃着，仿佛所有的烦恼都随着那口美食烟消云散了。

有一次，考试的压力让我几乎喘不过气来。我独自走到校门口，想买一个鸡蛋饼来放松心情。可是，当我走到小摊前时，却发现那里已经排起了长队。我等了一会儿，终于轮到我了。我递给婆婆钱，婆婆熟练地摊开面饼，打上鸡蛋，撒上葱花和芝麻，再刷上一层甜酱。那一刻，我看着她专注的神情，突然明白了什么。

原来，生活中的每一个瞬间都是值得珍惜的。无论我们身处何地，无论我们正在经历什么，都应该用心去感受、去体验。那些看似平凡的日子，其实都充满了意义。

我拿起热乎乎的鸡蛋饼，咬了一口，香甜的滋味溢满口腔。我突然觉得，那些考试的压力、那些对未来的迷茫，都变得不那么重要了。只要我们用心去面对、去努力，就一定能够找到属于自己的方向。

然而，那时的我，并没有意识到这一点。我只是想着逃离这片压抑的天地，去追逐更广阔的天空。

学习不是为了别人，而是你自己

三

今天，当我坐在高铁上，回想起那段时光时，我才真正明白了它的意义。

6年前，我高考失利，没能考上心仪的大学。那一刻，我觉得整个世界都崩塌了。我选择了复读，继续在这片熟悉的土地上，为了梦想而奋斗。

复读的日子里，我更加珍惜每一分每一秒。我努力学习，不断充实自己。每当疲惫不堪时，我都会想起校门口那家卖鸡蛋饼的小摊，想起那份简单的快乐。

终于，第二年高考，我如愿以偿地考上了心仪的大学。那一刻，我激动得热泪盈眶。我终于逃离了那片压抑的天地，去追逐更广阔的天空。

然而，当我真正踏入大学校园时，我才意识到，生活并没有我想象中那么简单。我开始为了奖学金而努力学习，为了实习机会而四处奔波。我开始学习与人打交道，学会处理复杂的人际关系。

毕业后，我进入了职场。工作的压力和生活的琐碎让我喘不过气来。我开始怀念那段单纯而美好的校园时光。我开始意识到，那些拼命想逃离的日子，其实是我最宝贵的财富。

今天，当我坐在高铁上，看着窗外飞逝的风景时，我突然发现，那个熟悉的校园已经离我越来越远了。它成了我回不去的曾经。

我想起了那个卖鸡蛋饼的婆婆，想起了那些和我一起奋斗过的同学们。他们如今都在哪里呢？是否也在为了生活而奔波？

我的目光再次穿过车窗，望着远处模糊的风景，耳边响起高二班主任当年班会上语重心长的一番话：如果现在45分钟的一堂课，你都坐不住，那将来100多块钱一天、12个小时的班，你只会上得比谁都认真！

是啊，那些看似漫长的课堂时光，其实是我们人生中最宝贵的财富。它们教会了我们坚持，教会了我们努力。而那些拼命想逃离的日子，其实是我们成长中不可或缺的一部分。

> 早早辍学不读书的人，最后都怎么样了？

别在最好的年纪，
辜负了最好的自己

李志英

你在课堂上把书垒得很高，以为挡住了老师，其实是挡住了自己的未来。

少年的肩膀，应该担着清风朗月和莺飞草长；少女的眼里，应该藏着星辰大海和光芒万丈。努力向前跑吧，不去问结果如何，青春的我们不幼稚、不沧桑，对未来怀抱着百分的期待，恰是最好的年纪，恰是最好的自己。

一

当一群少年笑容满面，相遇在那个夏天，蝉鸣声声，骄阳刺眼，但我们热血沸腾，为期待的未来而拼尽全力，只因这就是最美好的年纪。

小丸是一名在工地打工的"00 后"，2016 年，他从初三慌慌张张地步入了高一，那时候他还不知道未来会怎样。

初中时，他只是小镇上很普通的一名学生，中考超常发挥考进了市重点高中。开学第一天，面对完全陌生的同学和老师，他内心抑制不住的紧张。骨子里的自卑让他把自己放得很低很低，恨不得将自己藏起来。

更让他难以接受的是，初中时成绩尚可的他，进了高中后，排名一直都

> 学习不是为了别人，而是你自己

在班级末尾。

　　生活一直都是这样，看似波澜不惊的路上，总是隐藏着沼泽和漩涡，只等你不小心一脚踩下去，再不给你喘息的机会。小丸也曾努力去追，但没有人在原地等待。他在努力，别人也在努力。差距虽然没有再次拉大，却也并没有缩小。他依旧是班里最普通的一个，时间在一摞摞的练习册中悄然流逝，大家都在低头沉默地学。

　　某天，班级里不知道从谁那流行起来将包里的书全部摆在桌子上，整整齐齐，一层一层叠在一起。人坐在书的后面，竟然几乎看不到，小丸自然也加入了这个行列。

　　这个行动像是有瘾一样，最开始只是图个新鲜有趣。可是渐渐地有人发现，书本垒起来后，就像是给自己建造了一个安全的堡垒，只要低下了头，老师仿佛再也看不到自己。

　　这就像是一个暗号，在学生之间迅速传开，慢慢地教室里几乎有一小半的学生都把书垒得很高。上课的时候，讲台上的老师盯着下面一团团只露着头顶的学生，脸色发暗，但也并没说什么。

　　只是渐渐地，有人将书又重新放回了书包，一方面是因为书占据了近三分之一的桌面，写字太别扭；另一方面也是因为书挡住了自己和老师交流的视线。

　　教室里逐渐变成两个"派系"，垒书的和不垒书的，小丸是前者。

　　随后的几次考试，小丸的成绩越来越差，老师终于把他叫到了办公室，并说了一句话："你在课堂上把书垒得很高，以为挡住了老师，其实是挡住了自己的未来。"

　　小丸终于明白，原来老师都懂。书本垒起来，并不是妨碍老师看自己，而是遮住了自己看向未来的眼睛。明明在最好的年纪，有无限的可能，自己却用了最荒唐的方法，差点辜负了自己的未来。

二

有一种诱惑是"不读书的人也能获得成功"。社会上总有少数人，因为抓住了时代的机遇，冲破了阶层的束缚。可是孩子，那只是你见到的"幸存者偏差"。

云飞高二下学期，因为实在跟不上老师快节奏地授课，脆弱的神经终于崩溃，月考检测卷上那凄惨的"45分"，成了压垮他的最后一根稻草。

"我不想上学了，反正也考不上好学校，还不如早早去打工挣钱。"云飞和父亲说这个话的时候，父亲正弯腰在田里除草。清晨透亮的露水打湿了他们二人的裤腿，也打湿了他们那颗酸涩的心。

云飞的母亲是一名没上过学的家庭妇女，整日在十余亩的土地上忙碌。父亲是工地上的一名泥瓦工，靠体力赚钱支撑着家庭，云飞好像成了这个家庭能翻身的唯一指望。

而现在，这唯一指望也进了工地，成了众多"工地二代"中的一员。

工地上每天天不亮就要起床，没有任何技能的云飞，只能做一些拉沙子、挑泥浆之类的活儿。拿惯了笔的手，第一天拎起近百斤的沙袋，手腕都在不停地颤抖。

工地上的饭菜种类很少，每天都是大锅菜、馒头、面条之类，勉强吃饱后，干一会儿活儿，就又饿了。之前总是吐槽学校食堂的饭菜没有新鲜花样的云飞，现在吃着工地的白菜豆腐，心里怀念的却是曾经想逃离的学校食堂。

第一天工作下来，云飞浑身酸痛，没干几天，他的身体就承受不住，只能选择放弃。

很快他又加入了"外卖小哥"的行列，父亲咬牙用五千块钱帮他置办了一

> 学习不是为了别人，而是你自己

辆电动车，他就开始了在马路上的奔波。手机里的游戏再也没有时间登录，微信群里的消息从老师发的作业，变成了各个小区的外卖订单。

这个曾经对他而言还很陌生的城市，仿佛在一夜之间就熟悉了起来。他穿梭在大街小巷里，每天从手里送出去几百份的热菜热饭，却没有一份是自己的。身体上的辛苦还能忍受，更让他崩溃的是精神上的摧残。

订单的超时，小区的门禁，客户的不理解……终于在某天晚上，他望着空荡荡的街道，感受着冰冷的雨水顺着帽子打湿他的脸，内心仿佛破了个大洞，对未来的恐慌和无力感侵蚀着这个刚刚成年的少年。

和他同龄的人正坐在明亮的教室里，用笔描绘着未来，明明只是离开了不到两个月，云飞却仿佛已经看到了自己人生的结局。这一刻他终于明白了，为什么当自己不肯认真学习时，老师总是眼含深意地盯着他，教育在这一刻形成了闭环。

因为只有经历了、失去了，才知道最好的年纪就是青春期。云飞突然很想念曾经的课堂，老师上课讲题，讲着讲着就跑题了，天南海北地聊起来，然后全班都很开心。那些曾经以为极其普通的日子，现在回想起来，却这样美好。

和云飞一起送外卖的朝阳哥总是劝他，趁着现在还不算晚，赶紧回学校读书去吧，再努力一点，就不必像他们现在这样为生活而奔波。刮风下雨也得拼了命地往前跑，只有一切都安静的时候，才能靠在车旁边，寻求一点点的喘息空间。

所以，少年啊，你要像风一样自由，像云一样追求未来，去阳光下尽情地为梦想挥洒汗水，去让青春的花朵盛放。因为我们不能在最好的年纪，辜负了最好的自己。

早早辍学不读书的人，最后都怎么样了？

悬在高塔上的生活费

张伟超

每当到了父母承诺的给你生活费的时候，不管他们手头紧不紧，都会如数兑现；可你答应他们努力学习这件事，为什么好意思一拖再拖呢？

每当闹铃响起，晓蕾心中都涌上一股烦躁，在床上经历长久的斗争后，才能够挣扎起身。穿衣、洗漱，走到门旁的矮桌，晓蕾熟稔地拿起矮桌上的50块钱，这便是她一天的生活费。

清晨的上学路上，晓蕾尚未完全清醒，她将手伸进兜里，摩挲着那温热的纸张，开始盘算起该如何分配。这50块钱，自然不会全部花在三餐上。实际上，晓蕾仅需要30块钱，便可以满足自己的餐食开销，剩下的20块钱，则被她充值到游戏当中，或是成为零食与玩具。

拐过街角，遮盖着阳光的高楼，投下长长的阴影，为街道增添了一份清冷，薄薄的冰霜便在这里蔓延起来。晓蕾每每走到这里，便开始加快脚步，并非为了逃避这城市中的凉意，而是她每每看到这高塔一般的大楼，便想起自己的父母。

晓蕾的父母，并不是混迹于这高楼中的职场精英，而是攀爬于大楼之外，为大楼的玻璃进行清洁的工人。每次看到这些高楼，晓蕾便想到父母攀爬于高楼之上，那单薄的身影，总是会刺痛她的内心。

晓蕾并不是嫌弃父母的工作不够体面，而是每每想到父母在高楼上飘荡的画面，总会使她不得不面对一个残酷的现实——她正在辜负父母的付出。

一

晓蕾的父母，是平凡的，在他们年少时，由于家庭生活的拮据，只能早早辍学，步入社会，为家庭分担压力。

只是，晓蕾从步入高中后，便对学业失去了兴趣，自我意识逐渐觉醒的她，对父母有了越来越多的不满。这些不满，大多聚焦于父母繁忙的工作。由于父母工作的特殊性，有时不免要前往外地务工，每当此时晓蕾便要孤零零地起床，独自行走在上学路上。等到晓蕾回家，迎接晓蕾的，也只有清冷且孤单的房间。

晓蕾渴望与父母沟通，渴望父母爱意的表达，只是父母却像是无法领会一般，总是没有作出回应。那天，晓蕾在回家后，惊喜地发现父母已回到了家中，但当她开心地抱住他们，想要和他们分享学校中发生的趣事时，他们却疲惫地说道："明天再说吧，今天爸爸妈妈累了。"而到第二天晓蕾起床后，父母却又失去了踪影。

失望与痛苦，使晓蕾沉浸在网络的世界，在这里，她可以尽情倾诉自己的想法，并获得温暖的回应。她在网络中交友、聊天，逃避着现实。只是，网络并不是世外桃源般的存在，当晓蕾又如往常一般，与她网络中的好友倾诉着自己的心情时，却发现自己的倾诉，被这位"好友"不断发布在网络中，当作一种笑话分享着。

晓蕾近乎崩溃了，她在家中放声大哭，那委屈近乎要将屋顶掀开，在此时，晓蕾最想要的，便是父母温暖的怀抱。

这世界上有着太多不懂如何表达爱意的父母，他们只是笨拙地将自己所

> 早早辍学不读书的人，最后都怎么样了？

拥有的、最珍贵的东西，一股脑儿地全交给子女。正如晓蕾的父母那般，那50元便是他们爱意的表达。只是这种表达方式，晓蕾却全然不知，只是当作父母陪伴缺位的补偿罢了。

这天，同学们难得在体育课上有了闲暇的时间，他们聚在一起，聊起了家庭、梦想与未来。对于这种话题，晓蕾向来是不愿参与的。"我基本见不到我爸妈，他们在外地打工，我和奶奶一起生活。"当这句话钻入晓蕾耳朵时，她便站在原地，无法再挪动脚步。晓蕾看向这位学习成绩优异的同学，从未想过看似阳光的他，竟面临着这般境地。

听到这句话，许多同学便默默地低下头，诉说着各有不同但近乎相同的话题。原来，并不是只有晓蕾面对着陪伴缺失的问题，她的许多同学都面临与她一样的境地。

这一发生在学校中的插曲，使晓蕾陷入长久的思考之中。她意识到，父母或许已经给予了她足够的爱，只是父母爱意的表达方式，是自己所无法感知到的。同样，晓蕾对父母爱意表达方式上的需求，也从未宣之于口。父母与晓蕾之间，都因为不懂该如何恰当表达爱意，从而产生了错位的隔阂。当晓蕾意识到这点后，一股巨大的悔恨，混杂着恐惧，使她的心跳近乎停止。她大口地呼吸，下定了决心。

这天，当晓蕾回到家中时，看到父母正坐在客厅的沙发上。往常，晓蕾总是从父母身边走过，默不作声地推开自己的房间门，将父母的目光隔绝。这次，晓蕾走到父母身边时，却停下了脚步。晓蕾的异常，瞬间吸引了父母的注意，母亲关切地问道："怎么啦，晓蕾？"

晓蕾却不回答，她想要说些什么，只是不知该如何开口。在踌躇时，她的父亲便急切地问道："是不是生活费不够了？明天开始我再多给你一些。"

看到父亲那焦急到近乎恐惧的脸庞，晓蕾的泪水终于控制不住地倾泻而出。父母赶紧围了上来,想要拥抱晓蕾,却又像是有所顾忌一般,只手足无措地待在原地。晓蕾再也忍耐不住,她张开双手抱住了父母,嘴里不断呢喃着:"对不起。"

在父母怀抱下的晓蕾,内心涌动出一股无法抑制的悔恨,那50元的生活费,对她来说,不再是父母愧疚的补偿,而是她难以承受的深爱。晓蕾终于感受到了来自父母的爱意。原来,父母的爱意并不只能通过陪伴表达,而是渗透到生活中的每一个细节、每一次坚守的无言付出。

闹钟又准时地响起,只是这次,晓蕾并不觉得刺耳。当晓蕾走到门边的矮桌上,那里放着由5张10元组成的50块钱。那纸币,在往来的传递中已褶皱不堪,每一寸的褶皱中,似乎都深藏着父母的汗水。晓蕾拿起这沉甸甸的50块钱,推开门的那一刻,又将手伸到口袋中,抽出2张,放回了原处。

二

当晓蕾结束一天的学习后,放学后的她推开房门,便看到父母笑着招呼她坐下吃饭。她坐在餐椅上,看着父母在厨房的背影,她想到这已是多久没有看过父母的背影了?晓蕾这才发现,父母的背影竟是如此佝偻,他们弯曲的脊背,不知道承受着多少重负。这一次,当父母落座后,她哽咽着对父母说了一声:"爸爸妈妈,辛苦了!"父母眼神中遍布喜色,在踌躇片刻后,亦是红着眼眶说了句:"我们不辛苦,我们以后一定会多陪陪你。"

父母的爱意,便隐藏在生活的平淡之中,由一句句平凡的话语深切地表达着。这种爱意,使晓蕾对自我发出了诘问:"每当到了父母承诺的给你生活费的时候,不管他们手头紧不紧,都会如数兑现;可你答应他们努力学习这件事,为什么好意思一拖再拖呢?"

含蓄的人,很难将爱意宣之于口,爱意便隐而不发,在无形中伤害着他

> 早早辍学不读书的人，最后都怎么样了？

人。当父母用那50块钱来表达自己的爱意时，晓蕾也终于找到了属于自己的爱意表达方式——一份好的成绩。

后来，学业对晓蕾来说不再是一种重负，而是一种爱意的表达，是对父母温情的回报。但晓蕾并不是为了回报父母而学习，只是用成绩表达自己对父母的爱意。她用越来越好的成绩，父母用越来越多的陪伴，让爱意相互交织，使得他们的脸上总是洋溢着无法自抑的笑容与温情。

许多事情，真正的阻碍并非事物本身的困难，而是不知道该如何开一个好头。爱意如此，学业也是如此。但许多事情，本身并不需要开一个好头，一句暖心的关怀，一次成绩的提升，就是一切美好的开端。

> 学习不是为了别人，而是你自己

流水线上的十八岁

红素清

同样是18岁的年纪，有人在教室里奋笔疾书，书写着自己的未来；也有人在流水线上拼命赶量，只为工资条上的数字，对于未来，他们甚至都很迷茫，只能走一步看一步。

窗外雪花纷纷扬扬，给世界铺了一层干净的白色。教室里笔尖在不停地跳动，沙沙的写字声混合着空调呼哧呼哧的送暖声，所有的人都在认真答题，他们的眼睛如同此时的世界一样干净纯粹。

这是高三上半学期的期末考，它对韩毅来说至关重要，因为这里面凝结着他这半年以来和时间的赛跑：一日三餐是跑着去吃的，很多时候更是一边刷题一边吃饭，嘴里嚼的是什么，舌尖又给了味蕾怎样的体验，他早已抛诸脑后；电子产品倒是没有少用，只是亮着的屏幕上不是英语单词就是函数公式，"游戏"这两个字已经自动被他屏蔽。

韩毅不是什么有恒心和毅力的人，这半年之所以能够对自己这么狠，完全是因为和父母的约定。他学习成绩本就一般，也从未想过将来走学习这条路，奈何他的父母在学习上"步步紧逼"。他既受不了他们的天天念叨，也不忍心看着他们为自己的学习那样操心。于是他和父母约定，全力以赴拼搏半年，若是还不能上本科线，就对学习彻底死心，从此他过他的日子，父母也不再对他的学习多加干涉。

> 早早辍学不读书的人，最后都怎么样了？

成绩还未出来，韩毅的父母就天天打听，"老天保佑"这几个字天天在他们家里回响。"妈，你紧张啥，要是考不好，你就不用管我了，多好！"韩毅本是想安慰他的父母，可是当这句话说出口的时候，他吃了一惊，因为他的内心打了一个寒战，这是他紧张至极才会有的反应。

"考不好多好，考不好就再也不用那么累了，可以慢慢吃饭，好好打游戏……"他开始在心里这样安慰自己。那时他一定不知道，当一个人开始因为某件事而自我安慰时，那么他对这件事的在乎程度早已超出他的想象。

现实还是有一些残酷，并未因为韩毅以及父母的在乎而眷顾他们，韩毅没有达到目标。那天，他一个人拿着自己所有的试卷，躲到一个无人看得见的角落。他盯着自己的每一道错题，重新审视，重新去做，可是无论他做多少遍，得出的还是卷子上那个错误的答案。那一刻，他仿佛听到那些答案对他的嘲讽：你看你活得那么累有什么用，你那么努力又有什么用，你依然学不会……

那天乌云遮住了太阳，阴云笼罩着大地，所有人都说马上就是一场大雪。可是即便天空耗尽了所有的色彩，却依然没有纷纷扬扬的雪花落下，这一切就如同韩毅的这半年，即便耗尽了所有的心血，依然没有过那个本科线。

那么，这么累的生活有何意义？这样的努力有何意义？既然将来都是要出去打工，何不早些出去赚钱？

想到这里，韩毅撕碎了他的考试卷，这是一个少年拼尽全力之后的无力感。他在最无力的时候，最不该做决定的时候，做了一个决定：出去打工，不再读书了。而他的妈妈也为这个决定添了一把火。

那天回到家的韩毅看到的是一张眼泪汪汪的脸，她在哭着抱怨，抱怨为什么都这样了依然上不了本科线。

"因为我根本就不是上学的料！"韩毅带着自己内心的不甘喊出了这句话。

学习不是为了别人，而是你自己

与其说他是在回答母亲，不如说他是在给自己的决定下最后的决心，也在努力掩饰自己内心的不甘。因为从看到分数到现在，他的心中一直有一股无名的怒火在燃烧，完全没有不用读书的喜悦。

韩毅已经等不到过完年，没有人能阻挡一个心中有怒火的少年，他离开了家，去了一个电子厂。那里有一个他的同学，高二没有读完就辍学进厂了。他告诉韩毅厂里的工作很简单，就是在流水线上完成同样的动作，下班之后可以随便玩手机、打游戏，再也不会有人管你。

这些话这个同学在初去时已经跟韩毅说过了，当时韩毅听到"打游戏，再也不会有人管你"的时候，真的心动了，打心底里想去。可是此时这些信息韩毅早就不在乎了，他的内心完全没有喜悦与期待。去那里，只是因为初出校园，他不知道该去哪里，而那里刚好有一个认识的人。

经过简单的培训，韩毅上班了，和同学一样被分配在流水线上。在那里他看到了很多和他一样大的孩子，他们或站或坐，手不停地忙碌着，不停地重复那个简单而又机械的动作。他们眼里的光没有灵气，如同流水线上的工作一样。

那里吃饭的时间比在学校里还短，虽然没有作业在等着，但是上班打卡的时间却一分钟也不会等人。三菜一汤的饭菜更容不得你细嚼慢咽，嘴里嚼的是什么，舌尖又给了味蕾怎样的刺激，你根本来不及体验，因为一个不小心就会迟到，而迟到了就会扣工资。那里没有周末，大家也不渴望周末，都想多加一点班，只为了多赚一点钱……

如同学所说，下班休息的时候确实没有人再来管自己，可是你已经累得没有打游戏的精神。宿舍里，大家的床前都挂着帘子，每个人都把自己隔绝在一张床的空间里，从此自己的世界只剩下一张床，遇到休息日，就只能躺在床上。每当这个时候，韩毅总会想着学校里的事情，那会儿他打游戏的手总会慢一下，神情也不再专注，之前游戏带给自己的快乐，此时此刻已经全部消失了。

> 早早辍学不读书的人，最后都怎么样了？

车间的灯总是开得很亮，里面永远恒温，不冷也不热，若是不出去，你甚至看不到外面是晴还是雨……这样的环境，是严寒酷暑的教室里韩毅最渴望的。可此时坐在里面的韩毅好怀念那一场雪，他清楚地记得前段时间的期末考试，外面飘着雪花，已经老旧的空调发出哼哼的响声，可它送出的暖气对于北方的天气来说，依旧不足。他手也冷，脚也冷，心却是炽热的……

"同样是18岁的年纪，有人在教室里奋笔疾书，书写着自己的未来；也有人在流水线上拼命赶量，只为工资条上的数字，对于未来，他们甚至都很迷茫，只能走一步看一步。"

那天晚上韩毅辗转反侧，怎么也睡不着，他在想：难道自己就这样在流水线上过一辈吗？他摇摇头，因为他也不能给自己一个确定的答案，他自己也不确定这样的生活自己能够坚持多久，更不确定未来的自己会在哪里。于是他打开手机，写下上面那段话，这是他的写照，也是很多流水线上18岁孩子的写照。

那天晚上韩毅做了一个梦，在梦里他的父母带着老师来到自己的厂区。那是12点，正是厂区吃饭的时间，母亲的眼里含着泪水，那泪水看起来仿佛流了很久，和他离家时的一模一样。他们挽起韩毅的胳膊，将他重新接回学校。

梦里，那天的太阳好大好大，大到可以驱散冬天的寒冷，融化那纷纷扬扬的雪花，大到韩毅睁不开眼睛。可当他真正睁开眼睛时，枕边一片湿……

> 学习不是为了别人，而是你自己

中考落榜那一天，一切都晚了

刘 婧

不是每一件事都可以重新来一次，也不是每个人都有机会重新来过的。

这天，我带着孩子，去拜访曾经的李老师，希望有着近三十年教龄的她，能够帮忙看看，孩子是否有学习上的天赋。敲开房门，落座，仔细端详，不免感慨起时光的飞逝。如今的她，两鬓早已花白，身形也佝偻起来，只有那眼神，依然如往日般犀利通透。

略微寒暄过后，我便说明来意。她笑看着我，却又叹息一声，双手在空中轻摆一下，并没有回答我的问题，只是说道："你还记不记得孙洁？"

孙洁，这个名字瞬间激活了我的记忆，使我不由自主地回忆起曾经的求学时光。那时，孙洁是我们班级，甚至可以说，是我们学校最为出色的"天才"。她虽与我同班，但显然平庸的我无法与她为伍，没多久，她便跳级到李老师所在的班级。

从初一跳级到初二，理应在成绩上有所受挫，但对于孙洁来说，初一和初二，并无区别。课堂上，每当老师抛出难题时，孙洁总第一个举起手，她的答案不仅准确无误，还常常有独特的见解。无论是数学那错综复杂的逻辑迷宫，还是语文那深邃悠远的文化海洋，对她来说，都像是亲切的老朋友，等待着她去探索、去对话。

> 早早辍学不
> 演有功人，
> 最后都怎么
> 样了？

　　我与孙洁同班不到一年，平日里少有交集，因此并没有很深的印象，只是记得她学习很好罢了。李老师看我还记得孙洁，显得有些高兴，她兴致勃勃地问我，是否知道后来她怎么样了。得到我否定的答复后，她便说道："孙洁那孩子，真是我这一辈子中见过的最有天赋的。"

　　李老师一直相信，天赋与努力具有一定的趋同性。一个不具备天赋却愿意努力的孩子，和一个具备天赋却不愿意努力的孩子，两者在学业上，会表现出趋同性，并不会具有很大的差异。但孙洁却打破了李老师的认知。孙洁从未表现出在学习上的努力，在课堂上时常神游物外，回到家后，更是将学业抛于脑后。但哪怕是这样，她的成绩也排在年级前列，稍一努力，便是年级第一。

　　李老师说到这儿，却停顿了一下，她抬起手揉搓了一下额头，眼神陷入空洞之中，有些麻木地继续开口。孙洁的学习成绩并没有一直保持住，随着她升入更高的年级，学业的难度自然也就水涨船高。孙洁却还如往日那般，并没有做出更多的努力，学习成绩便有所下滑。但哪怕是这般，她的成绩依然称得上中等偏上。

　　我望向李老师，忍不住开口道："那孙洁后来怎么样了？"李老师有些无奈地摇了摇头："我一直劝她努力，但可惜她的天赋实在太高了。"我不知道李老师此话的含义，她便向我解释道："她只要稍一努力，便又是年级第一。"

　　这使得孙洁不愿保持长久的努力。因此在中考来临前，她仍只是维持在中等偏上的成绩。李老师看到她不紧不慢的样子，自然是有些着急，特意将她叫到面前说道："你这样肯定不行，得抓紧时间努力了。"然而，孙洁有着属于她自己的骄傲，她仰着头，执拗地说："别人不行，我肯定行。"

　　天赋，似乎成为孙洁的一种负担。当人人都仰慕、崇拜着她的天赋时，她便不得不用散漫的态度，在轻易地超越他人后，才能证明她那超乎常人的天赋。只是彼时沉醉于天赋之中的她尚不知道，天赋有时既是一种陷阱，也是走向沉沦的钥匙。

说到这里，李老师的声音开始有些哽咽，神情中也涌上一股悲痛，她扯了扯嘴角，说道："天赋不是万能的，孙洁最后的成绩，远比我们想得还要糟糕。"原来，孙洁高估了自己，一个月的时间，无法让她补足过往的不足。当看到成绩的那一刻，孙洁的人生便被彻底地改变了。

李老师站起来，走到我的孩子身旁，摸着她的头，笑着看向我："想知道你的孩子有没有学习的天赋吗？"我完全明白李老师的意思，憨笑一声，说道："天赋不天赋的，没关系。"听到我的回答，李老师点了点头："是的，努力才是最重要的。"

此时，我与李老师都陷入各自的思索之中。就在我牵起孩子的手，准备和李老师告辞时，孩子却挣脱我的手，怯生生地问道："李奶奶，孙洁最后怎么样了？"说实在的，我有些感谢孩子问出这个问题，因为我也想知道，曾经那天之骄子一般的孙洁最后怎么样了。

曾经的天之骄子孙洁，被一所普通高中录取后，便陷入了无尽的悔恨之中。正如泰戈尔在《飞鸟集》中所深刻描绘的："当你为错过太阳而哭泣的时候，你也要再错过群星了。"这份悔恨如同一道难以愈合的伤疤，让孙洁自我封闭起来，与所有人都切断了联系。同时，它也让孙洁对学业产生了深深的畏惧，成绩也就一落千丈。

高中毕业后，孙洁没有选择继续深造，她仿佛是在逃避什么，匆匆步入了社会的洪流之中。在奶茶店的柜台后，她能够轻松背诵那繁杂的配方，让每一次调配都精确无误，但她知道，这不是她的追求；她也做过公司的文员，将各项杂事梳理得整整齐齐，然而，她深知，这并非她的归宿。

于是，在高中毕业后的第二年，她再次敲响了李老师的房门，此时的她，

> 早早辍学不读书的人，最后都怎么样了？

早已被社会洗去一身的浮华。她握住李老师的双手，以一种破碎的哭腔，诉说着自己的悔恨，然后便毅然决然地站起身来，推开门，转头看向李老师，呜咽地说道："李老师，我知道错了，我要重新开始。"

我能够猜到孙洁的结局，有着超乎常人天赋的她，在认识到自己走了弯路后，自然能够重新绽放出璀璨的光芒。李老师点了点头，像是印证了我的猜测，但紧跟着却又摇起了头，长叹一口气说道："不是每一件事都可以重新来一次，也不是每个人都有机会重新来过的。"李老师有些惋惜地讲道："她很幸运，早早认识到了问题所在，虽走了一些弯路，但终究是回到了正轨。"

李老师的这句话，让我也不免有些惆怅。人生在世，谁又不是在弯路中摸索前行呢？那错误的选择，那被浪费的时间，那擦身而过的机遇，似乎总在预示着另一种未来。我的孩子，在此时，却很开心地笑了起来："我知道怎么能不走弯路了。"

小孩子总有天马行空的想法，我与李老师对视一眼，准备听一听孩子的"高见"。

孩子认真地说道："对任何事，都全力以赴就好了嘛。"

> 学习不是为了别人，而是你自己

读书虽不是唯一出路，但不读书会少很多路

天 相

不同的学历就会有不同的圈子。从小学到初中、高中，再到大学，我所认识的人越来越多，范围也越来越广，我真正认识了来自五湖四海的人们，他们都在各自的领域里闪闪发光，而我也变得越来越优秀。

一

看着店里来来往往的客人，我活动着有些僵直的腿。和妈妈因为复读的事冷战后，我就在包子铺找了份工作，每天打豆浆、包装、盛稀饭、收盘子、擦桌子，做简单重复但不轻松的活。

看着吃早点的人，他们很明显是高考完的学生，我有点惭愧地遮掩住自己半边身子。别人一起相约学车、旅游，而我蓬头垢面，鞋子上还有刚收拾桌子沾到的油，一点不像刚考完的高三学生，完全没有了这个年纪的意气风发。

原本我也是这样的，但是高考失利，我的分数只勉强过了三本线，学费太高，我不想去。我准备读专科，学个实用的技术以后能挣钱就行。但是妈妈不愿意，她想让我复读。

二姨来劝我，对我说："你哥那时候没考上，复读一年考上了，你学得本来也比他好，他可以，你也可以。"

> 早早辍学不读书的人，最后都怎么样了？

我自命清高，没有理智的话脱口而出："谁说我想考大学才读的书，就算不上学，我随便都能找一份工作，我也饿不死自己！"然后摔门出去，没管妈妈和二姨的脸色。

但是，第二天妈妈临上班前突然冷漠地和我说："早知道你读书不为了考大学，还让你读干什么。"我瞬间愣住。妈妈走了，我的也心冷了。那一瞬间我委屈极了，眼泪大滴大滴地落下，喉咙里好像塞了棉花，连喘息都无力。都说大学好，我就不去！我心里只有一个念头："谁说只有上大学才有出息，只要我愿意，以后出路多了去了。"我在心中下决心，出门就去找要暑期工的，第二天凌晨四点我开始"走马上任"。

二

包子铺生意很好，一个早晨座无虚席，直到十一点客人越来越少，我才发现我的腿好像灌了铅，站了七个小时双腿沉重且麻木，但还没有下班。吃完午饭，我扫地、拖地、擦桌子板凳，还有收拾桌子上各种盒子罐子。下午两点，我拖着沉甸甸的腿回了家。

这份工作比我预想的还要苦很多，但我心里憋着一口气，不想放弃。妈妈回来我也没有理她，我正式和她冷战。

一晃日子过去十几天，工作我也早已熟练上手，每天都重复和前一天没什么差别的工作，看来来往往不同的客人。客人很多，我有印象的却不多，印象最深的，是个在山东跑生意的叔叔。

那天这个叔叔拎着一袋东西，扶着一位头发花白的奶奶进店点餐，然后把袋里的大葱、薄饼、片鸭摆开，我给上餐的时候好奇问了两句，然后和他聊了起来。

叔叔是淄博人，来这边跑生意，带的是他的母亲。叔叔说："这些年我做

> 学习不是为了别人，而是你自己

生意走南闯北，见识了很多人和事，家里一直留老妈一个人不放心，反正老人也还能走，索性就带出来也和我一起见见世面。"听着叔叔的讲述，我满眼艳羡，好奇地又问了几句，叔叔也很有耐心，和我讲了些他的故事。

直到老板娘说有人来了，我又开始忙活起来，但眼睛却时不时瞥向叔叔和他母亲，两人时不时互相夹菜，偶尔交流几句互相笑笑。我突然在想："以后我也能走遍全国各地吗？我可以带爸妈一起出去看看吗？"

我想起了之前上专科的想法，如果坚持上专科，可能我也没有什么机会吧。我的眼神又淡了下来，想到了复读，但是一想我和妈妈就因为这个事冷战，心一横，大学不上就不上！

我打定主意要去读专科，回家后准备直接进屋，妈妈却拦住我说："我俩聊一会吧。"我定了定神，没拒绝。进屋后妈妈轻声和我说："那天凶了你，对不起。"我有些蒙，但那口气终于散了一些。妈妈继续说："让你复读，只是想让你以后的路更多一些。而且就算还考不上大学，最差的结果也只是和现在一样，但万一考上，你以后的选择就会多很多。"

听着这话，我突然又想起那个叔叔讲的他的故事："我是中国海洋大学毕业的，大学遇到了一个好老师，提供给我很多帮助。做生意也是受了老师的启发，和几个大学同学一起合伙搞的。"

一边想着，又听妈妈说："我们家的情况，没办法撑你走更远，只能凭仅有的能力把你送到能力范围内最远的地方，以后怎么样只能靠你自己了。"妈妈眼眶红了，我的心又泛酸了。那一瞬间，我理解了妈妈的苦心。

都说"穷人家的孩子早当家"，我心里也一直都是这样的想法，不想再多耽误一年，只想快一点挣钱好贴补家里。但是爸妈想让我以后有更多的选择，不用像他们一样困在这一方土地。

"好，我去复读。"我同意了。

> 早早辍学不读书的人，最后都怎么样了？

复读很累，很难。但是每次想放弃，我都会想起那个叔叔说的在大学认识各种各样的人，想起妈妈说以后路会更多时期盼的神情，想起那一双因为自责泛红的眼睛，我又拿起笔继续做题。

辛苦一年，我的总成绩提高了120分，这次我真的考上了。即便学校一般，但是依旧让我以后的路更宽了几分。

三

泰戈尔曾说："你今天受的苦，吃的亏，担的责，扛的罪，忍的痛，到最后都会变成光，照亮你的路。"以前我对此总嗤之以鼻，但真正努力过一次我才知道以前的自己真的浅薄。

虽然我就读的学校普通，但是我在这里真的遇到了一群同样"有野心"的伙伴，认识了来自不同城市、专业的校友，见到了我从没见过的广阔世界。

我真正认识到了"不同的学历就会有不同的圈子"这句话的含金量。从小学到初中、高中，再到大学，我所认识的人越来越多，范围也越来越广，我真正认识了来自五湖四海的人们，他们都在各自的领域里闪闪发光，而我也变得越来越优秀。

文学家傅玄曾写下口耳相传的名句"近朱者赤，近墨者黑"，而我二十多岁才真正领悟到这句话的意思。大学四年，我看到了人生的不同选择，看到了生活的无限可能，也有了不一样的见识，知道了未来是旷野。

我很庆幸那时没有一意孤行、假作"清高"地坚持微不足道的面子，庆幸妈妈的坚持让我现在有了更好的生活和未来更多的选择。虽然读书不是唯一的出路，但不读书真的会少很多路。"非学无以广才"，未来道路漫长，只有一直学习，才有更多的选择。

肆

努力只能及格,拼命才能优秀

> 学习不是为了别人,而是你自己

人生没有如果,
　只有后果和结果

刘 婧

不想学习的时候,闭上眼睛想一想考试失利之后的懊恼、悔恨与不甘。你向上天祈求,能再给我一次机会吗?睁开眼睛,这就是你的新机会。

近些年,"穿越"元素逐渐从小说,延伸到音乐与影视剧之中。人们对"穿越"元素痴迷的原因,或许在于,每个人的内心都对自我的人生留有遗憾。因此总幻想着,如果曾经自己作出了其他选择,或许当下的人生便会截然不同。而每当我看到"穿越"这两个字时,便会不由自主地想起邻居李明。

李明,出身于一个再普通不过的家庭,父母虽工作繁忙,却从未缺少过对他的陪伴与关爱。因此,当我站在窗前看向街道时,总能看到李明脸上流露着自然的笑意,他以蹦跳的节奏,欢快地穿梭于街道之中。

一个人到底要如何保持快乐?这并不是一个容易回答的问题。据我所知,李明在学校的成绩并不突出,体育上也无特长,生活中似乎也没有太多的喜事,为何却总能表现出一种长久的快乐呢?

好在,我与李明的父亲已是多年的相识。在一次闲聊时,我按捺不住,向他表达了我的疑问:"为什么你家孩子好像一直很开心的样子?"李明的父亲听到这句话多少有些意外,他摩挲着下巴,想了许久,最后却只是"嘻"了一声,说道:"那孩子天天就是傻乐。"

显然,李明父亲的这个答案,并未揭示事情的真相。每天,当我站在窗前,看着李明满是欢快地从楼下跑过时,内心便不由自主涌起一股羡慕之情,同时又有些悔恨,总觉得自己的少年时代,过得磕磕绊绊,甚是残缺。这种羡慕与悔恨交织的情绪,使我更加好奇,维持李明这欢快生活的背后原因究竟是什么。

雨落在街道的青石板上,世界也就在这静谧与清凉中,变得柔软而宁静。只是,那清脆且有节奏的声响,却会带给每个人不同的感受。当我看向街道,却发现李明那欢快的神情,正被愁容所驱赶着飞快地消散于雨幕之中。

李明并没有打伞,在其他人仓皇避雨的时候,他却迈着虚浮的步伐,晃动于街道之中。我从未见过李明这般模样,他往日的欢快与笑意被一种难以言喻的沉重所取代。当他走到自己家楼下时,终于停住了脚步,任由冰冷的雨水无情地冲刷着他的身躯。他的头颅深深垂下,像是在承受某种无形的重压,又似在默默诉说着内心的苦楚。

当李明的身影消失在楼道转角,紧接着,街道上空便回荡起他那充满不甘的怒吼:"我努力过了,究竟还要我怎样?"我还没来得及从那震耳欲聋的呼喊中回过神来,又被李明混杂着委屈、悔恨与迷茫的啜泣声紧紧包围,我的心中也不由得涌上一股酸楚。

李明那长久以来的快乐,便消失于那场秋雨之中。从那以后,李明的脸庞被一种沉重的麻木所取代。尽管我平日里与李明的交流不多,但目睹这孩子如此消沉,多少有些担忧。然而,我并不清楚这突变背后的缘由,便只得找机会向他父亲探询一番。

虽相隔不久,但李明的父亲却显露出一丝疲态,那黑白相间的胡子,在他下巴上凌乱地生长着。寒暄过后,我便旁敲侧击地向李明的父亲询问起李明的现状,他的神情悲凉起来:"他中考没考上普高。"

原来,在中考的紧要关头,李明满怀信心地认为自己凭借平时的努力,踏入普通高中应是水到渠成。因此,在学习上,他虽然也付出了不少努力,却未曾达到那种奋不顾身、拼尽全力的程度。然而,命运却在此刻与他开了一个残酷的玩笑。中考那天,李明突染风寒,身体不适,头晕脚轻,导致他发挥失常。最终,他的成绩与普通高中的录取分数线擦肩而过,仅以二十分之差,遗憾地只能前往中专。

听到这,我想起作家巴尔扎克笔下的那句:"拼着一切代价,奔你的前程。"许多像李明这样的年轻人,他们深知努力的重要性,却往往未能领悟到,在许多关键时刻,仅仅努力是远远不够的。当人生的转折点悄然降临,我们所需要的,不仅仅是努力,更是那种能够付出自己的一切,拼尽全力去争取的决心与勇气。

从那以后,悔恨如同毒藤般缠绕在李明的内心,逐渐侵蚀了他所有的信念与希望。他时常沉浸在幻想之中,想象着如果中考那天自己没有生病,如果在那之前能够拼尽全力去学习,那么他的未来必然会是另一番更加光明的景象。然而,现实是残酷的,人生并没有如果,他所能面对的,只有那无法改变的结果与必须承担的后果。

李明的父亲,以一种沉重而痛心的语气,向我缓缓讲述了李明的故事。他的声音里充满了对儿子命运的无奈与哀伤。听完之后,我们两人都陷入了深深的沉默之中。我为李明感到深深惋惜,一方面是因为他在中考时遭遇的不幸,另一方面则是因为我深知,如果李明在中考前能够拼尽全力,那么即使生病,也不至于因为那区区二十分的差距,而陷入如今这般无奈的结局。

我有些尴尬地与李明的父亲挥手告别,那之后没多久,我便搬离了那条

> 努力只能及格，拼命才能优秀

街道，关于李明的记忆，也逐渐模糊起来。直到有一天，李明的父亲给我打来电话，刚一接听，便听到那边难掩喜色地说道："老邻居，孩子升学宴，有时间吗？"

升学宴？我有些疑惑，毕竟算算时间，李明早已中专毕业多年，如今理应步入社会了才是。在这次升学宴上，我才知道，李明中专毕业后，便自考了本科，随后又考上研究生。虽已时隔多年，但当我看到李明的那一刻，便欣喜地发现，他仍旧如往日一般，脸上流露着自然的笑意。

我在欣慰的同时，心中却泛起一阵阵酸楚。对于原本成绩平平的李明而言，这一路走来，他究竟经历了多少个不眠之夜的坚守，忍受了多少来自外界的质疑与自我怀疑，又付出了多少难以言喻的艰辛与努力，才走到了今天这一步？

宴席散去后，李明的父亲以老邻居多年未见为由，强拉着我去他家里坐坐。门扉轻启，映入眼帘的是一个并不宽敞的客厅，在客厅的一角，则静静地伫立着一个朴素的书桌。

书桌的样式并不华丽，木质的表面早已斑驳，上面依稀有着笔尖的痕迹凌乱交错。在这书桌所依靠的墙面上，贴着一张醒目的纸条，上面的话语直击心灵："不想学习的时候，闭上眼睛想一想考试失利之后的懊恼、悔恨与不甘。你向上天祈求，能再给我一次机会吗？睁开眼睛，这就是你的新机会。"

望着这一幕，我深感震撼，站在这个小小的客厅中，我仿佛能感受到李明曾经的挣扎与坚持，也能看到他未来的希望与梦想。我的心境豁然开朗，李明虽曾被人生旅途中的坎坷所阻挡，被尘世间的纷扰所蒙蔽，但在此刻，我坚信未来的他，定能勇往直前，无所畏惧。因为他已经深刻领悟到了生活的真谛——不论过去的遗憾还是未来的迷茫，唯有把握每一刻的当下，拼尽全力，方能不负韶华，成就自我。

> 学习不是为了别人，而是你自己

比不努力更可怕的是假努力

卞明惠

圆规为什么能画圆？因为脚在走，但心不变。为什么有的人始终无法实现梦想？因为心不定，脚也不动。星辰大海是需要门票的，诗和远方也需要路费。你虽然可以假装努力，但故事的结局绝不会陪你演戏。多说无益，只有挫折才是最好的教科书。

在一个阴沉的午后，我独自一个人沮丧地走在放学的路上。回到家后，我再次展开了那满是红叉的卷子，心情也如这阴霾的天气一般沉重，忍不住趴在桌子上哭了起来，边哭边心里想着：我已经很努力了，为什么每次考试成绩还是上不去？

这时，表姐刚好进来了。她拿起我的试卷看了看，轻轻地拍着我的肩膀说："比不努力更可怕的是假努力。"

表姐的这句话像一把利刃，刺中了我的心。我猛地抬起头，泪眼婆娑地看着表姐。表姐问我："你是不是在课堂上埋头苦记笔记，老师讲课却不听？是不是每天熬夜到很晚，学习效率却很低？是不是不懂装懂，一考就崩？"

我疑惑地看着表姐，表姐一脸沉重地说："你现在所走的路，也是表姐以前上学时走过的弯路，每天看似在努力学习，实则只是在花大量的时间，做着毫无意义的事。你现在醒悟还来得及，唯有脚踏实地地学习，才能获得优异的成绩。"

> 努力，只能及格，
> 拼命才能优秀

一

　　表姐从小便是我们大家族的骄傲，姨妈常常在家族群里晒表姐取得的各种成绩。直到表姐中考失利，表姐的真实情况才被揭露，这次失败也完全颠覆了表姐在大家心中的形象。

　　表姐升入8年级时，学校开办了《校园新闻联播》节目，表姐不仅担任播音员还负责策划、组稿工作。

　　表姐的大部分精力都用在了这个节目上，上课的时候，装作记笔记，实则偷偷地酝酿素材或写稿、改稿。夜晚归家后，表姐便沉浸在播音技巧提升的阅读之中，直至夜深人静。早上天不亮就起床，假装背课文和英语单词，实则在练习发音。姨妈还误认为表姐在刻苦学习，常常提醒表姐要劳逸结合，催促表姐多休息、多活动。

　　在这种状态下，表姐的学习成绩不断下滑，期末考试的成绩也不理想。表姐怕给姨妈丢面子，也怕自己失去已有的光环。恰好班主任让表姐统计全班同学的分数，表姐悄悄地给自己的每科成绩加了分，基本维持在先前的排名位次。当成绩公布后，老师和同学们竟然都没发现表姐的作弊行为。表姐沾沾自喜，每次考完试，都故伎重演。直到一次模考被班主任当场逮住。

　　姨妈被叫到了学校。得知实情后，姨妈又气又恨，训斥道："你的行为简直与小偷无二！只不过小偷偷的是金钱，你偷的是分数！你假装学给老师和我看，这种自欺欺人的行为，骗得了老师和我，能骗得了你自己吗？你的弟弟妹妹们都把你当作榜样，你却这样行事，不觉得惭愧吗？"

　　表姐羞愧地低下了头。

　　有句话说得好："圆规为什么能画圆？因为脚在走，但心不变。为什么有的人始终无法实现梦想？因为心不定，脚也不动。星辰大海是需要门票的，诗和远方也需要路费。你虽然可以假装努力，但故事的结局绝不会陪你演戏。多说无益,只有挫折才是最好的教科书。"

表姐认识到自己沉溺在虚伪的表象中,这种弄虚作假的努力,只会让她在人生路上越走越偏,唯有脚踏实地地付出,才能收获真正的成长与成功。

表姐向姨妈保证要安下心来,用心学习。

但是,表姐落下的各门功课比较多,中考又迫在眉睫,尽管表姐后期真的在努力学习,却因时间紧迫,与中考失之交臂,留下了遗憾。

二

表姐没有考入高中,就读于本市的一所农业技术学校。但她并不气馁,不再假装努力。

明确了努力奋斗的方向,不给自己设定宽泛的目标,而是根据每门课程的学习程度,将大目标拆分成具体的小目标。她每天都会把难点和疑点问题逐一列出,然后逐一攻破,周而复始。比如:做数学练习题,表姐不会给自己设定做 1 小时的数学练习题的任务,而是设定在 1 小时内完成试卷且出错率不到 1% 的目标,以此来训练自己做题的速度和准确率。表姐用这种扎实有效的学习方法,练就了小考不紧张、大考不畏惧的本事,学习成绩一直很优秀也很平稳。

表姐分享自己的学习心得:"要根据自己的实际情况来设定目标,不要与别人比,假装努力没有用,每天进步一点点,一年后就能变得很厉害。如果每天退步一点点,一年后你就会变差很多。"

不久,表姐不仅迅速补齐了之前落下的基础课程,还对专业学习表现出了极高的认真态度和严谨精神。不管刮风下雨、烈日当头,表姐都义无反顾地去试验地里观察、测量,掌握每一种农作物的生长习性、栽培技术及病虫害防治技术。

现在表姐已经是我们当地的农业领域专家,再次成为我们家族的骄傲。

反观我,老是艳羡别人的成功,墙上贴满了学习计划、瘦身计划、播音主持计划……从图书馆借阅、从书店购买各类书籍，总是迷之自信要逐本阅读、做笔记。一个假期过去了，书几乎没怎么动过，上面也积满了灰，接着又暗暗发誓：要利用每周末继续苦读。结果下个周末依旧是老样子。

对任何事都是三分钟的热度，很快就转移了注意力。

有一句话说得好："假装式努力，持续性幻想，言语上的巨人，行动上的矮子。睡前给自己打鸡血，醒来还是老样子。"

努力不是肤浅的作秀，它需要坚定扎实地奋斗。

看似整天忙忙碌碌，由于缺乏明确的目标和方向，这种忙碌如同无头的苍蝇，四处乱撞，终究一事无成。

三

在表姐耐心的引导和激励下，我逐渐意识到了表面努力实际上对我造成的负面影响。

我以表姐为榜样，给自己制定了切实可行的目标和计划，合理安排时间，保持良好的心态，杜绝拖延和内耗，勤学好问，死磕硬骨头，定期对自己的学习进行反思和总结，查遗补漏，及时调整学习策略和方法。

我在学习和生活中保持了良好的节奏，将全部精力投入到学业中，成绩逐步提升，自信心也随之增强，学习和生活也逐渐步入正轨。

我坚信，不懈的努力终将带来丰硕的成果。

人最大的悲哀，莫过于假装努力。

不要只是做表面文章，假装在努力，实则敷衍了事。

努力，从来不是表演出来的，是践行出来的。

唯有不断地挑战自我，才能有满满的收获；唯有不断地精进自己，才能步步进阶。

学习不是为了别人,而是你自己

愿意苦一阵子,绝不苦一辈子

朱 青

人这一辈子,你该走的弯路,该吃的苦,该撞的南墙,该掉的陷阱,一个都少不了。坚强挺住,熬过去,跨过去,好运自然来。

人的一生会经历很多事情,有的在当时看起来好像是苦难,但是后来发现,那些都是柳暗花明的必经之路。以前的我总觉得这种想法是一种自我安慰,直到后来才明白自己思维的局限。

那还是我刚上高中的时候,繁华的县城给我这个地地道道的村里"土包子"上了一课。

我的家离县城隔着一座高高的山,而我跨越这座山用了整整14年。小学我们村只有1到4年级,因此我们从5年级就开始去邻村走读,也是从那个时候开始,我的午饭就是两个冰冷的馒头。可是来到高中,我周围同学的境遇却不是这样的。

我所在的班级里有很多家境不错的同学,开学第一天的时候,我就通过大家背的书包发现了端倪。我的背包是乡镇奖励的,上面还印着乡镇表彰的字眼,但是同桌的却是某个知名大牌的包,我在县城的商店看过,一个包就抵我几个月的生活费。

说到生活费,我每个月差不多有20块钱以备不时之需。一般情况下,只要我不买生活用品,这些生活费是用不完的,因为我的两餐是背着的馒头,只

> 努力只能及格，拼命才能优秀

有偶尔早餐没有馒头了会买个饼。可是我的同学随手买一袋我没吃过的鸡柳，就要5块钱。

从那天起，我就开始跟他们走得很近，我想要体会一下享受的感觉。果然，凭借我的学习能力和情商，不到两个月就跟他们打成了一片。

也是从那天起，我突然觉得之前的日子好苦，原来生活还可以这样子。我跟着他们去打游戏，沉浸在耳机里那一声声的"很棒"中。我开始蹭他们的发胶，每天出门前总会照好几遍镜子，我开始买我之前都不敢想的肉丝拌面。当然，这些都是用我那仅有的零花钱。有时候为了打一个通宵，我可以一周不吃早餐。

我的见识渐渐变得多了起来，比如学会了打游戏，比如用聊天工具和网友聊天，还学会了喝饮料。相应地，我的成绩下滑得厉害，从第一次月考的80名掉到了第三个月的300名以后。

在排名放榜那天，我在校门口看到了父亲。也许是我的错觉，竟然觉得他那一刻似乎老了许多。他见到我，神色如常地说："我来县城买一批种子，顺道来给你带些苹果，生活费还有没？"

说着，他伸手在外套里兜里掏了20块钱硬塞给我，并嘱咐我道："高中了，学习辛苦，吃好点。"

听到这句话，我愧疚地低下了头，看着那皱巴巴的20块钱，我知道这是父亲那沓钱里最大的面额了。

"我想去看一下你存善叔，你跟我一起吧。"听到这话，我抬起了头，却看到父亲的视线有意无意地落在我打了发胶的头发上。我慌忙说："好的。"

就这样，我和父亲走了大概20分钟的路程，来到了电视台家属楼的门口。父亲向门卫说了来意，就径直上了家属楼的3楼，看来父亲经常来。

父亲让我敲门，开门的是一个身高不到1.6米的中年男性。他看起来比我

> 学习不是为了别人，而是你自己

父亲年轻，但是父亲却叫他哥。中年男子一看是父亲，笑着将父亲迎进了门，我也跟在身后乖巧地叫了一声"存善叔"。

进到屋里，我一下子被他家里的装潢吸引了，客厅里一面墙打成了书架，里面摆满了各种装帧精美的图书，书架的左边是一个录音机，右边有一架钢琴。正当我被这些新鲜的事物迷住的时候，存善叔问我在学校感觉怎么样。我竟一时语塞，他也许发现了我的窘迫，安慰道："年轻人遇到难事是好事，想通了，这件难事背后的礼物你也就拿到了。"

拜访结束了，父亲走在街头开始给我讲这位叔叔的故事。原来，存善叔当时是跟着他的妈妈改嫁过来的，在农村这样的身份会让他被人看不起，因此从小他就饱受非议。家里的好吃的轮不到他，但是活却都是他的，因此他才会长得这么矮小。

可是这些却影响不了他想要改变，想要出人头地的决心。就这样，他一边在家里干农活，一边借来村里老师的书学习，每天起得早早地，在山坡上边放羊边读课文，晚上偷偷点着油灯练习算式。

后来，家里其他几个弟兄为争着分那点可怜的家产闹得不可开交的时候，他却直接考上了师范学院，从此离开了那个穷窝窝。

父亲停顿了一下才说："他是苦了一阵子，然后救了自己一辈子呀。"

听了这句话，我突然感觉到心里某个地方亮堂起来。送走了父亲，我想起自己小时候受的苦，那真的算苦吗？如果它是我以后尝到甜的基石呢？我现在的甜是真的甜吗？这样的甜会持续一辈子吗？

从那天起，同学说我像是变了一个人。我洗掉头上的发胶，注销掉游戏账号，将零花钱锁进箱子里，书包里除了课本再也没有其他东西。我告诉他其实我本来就这样，只是之前被假象迷惑了，我也告诉我的那群小伙伴，如果想要一起玩，那么大学见。

> 努力，只能及格，
> 拼命才能优秀

我的生活逐渐变得充实起来，每天比同学早起1小时，晚睡1小时，开始按照学科地毯式学习。经过一个月的查漏补缺，我终于将之前落下的课程补了上来。我的心态也变得稳健有力，周围的一切诱惑也干扰不了我分毫，一切挫折都被我当作通往梦想的阶梯。

月考排名出来的那天，我看到了自己是第49名，心里默默说了声："这只是开始。"这时候，一道熟悉的声音响起，我回头看到了父亲。我惊讶的是，他竟然知道榜单的位置，那么上次他也肯定看到了。这时候我不由得五味杂陈，感谢父亲当时对我的不拆穿和信任。

父亲微笑着走到我身边，拍了拍我的肩膀说："走吧，爸带你去吃一碗肉丝面。"

我重重地点点头说："爸，这次我买单，全校前50名有20块钱补贴。"

爸爸也重重地应了一声："好。"

苏轼曾经说过："莫听穿林打叶声，何妨吟啸且徐行。"他也许也感觉到了成长的有趣之处吧，有时候因为吃不了苦而追悔莫及，有时候因为固执己见而伤痕累累，有时候又因为贪恋沿途的风景而忘了要赶的路。可是正是有了这些艰难困苦的磨砺，我们才能十年磨一剑，待到亮剑的时候，才能尝到成长的甜。只是在这个过程中，我们需要清醒地明白，宁可现在苦一阵子，也绝不愿意今后苦一辈子。人这一辈子，你该走的弯路，该吃的苦，该撞的南墙，该掉的陷阱，一个都少不了。坚强挺住，熬过去，跨过去，好运自然来。

学习不是为了别人，而是你自己

赢在那一会儿的坚持

路 平

不是看到了希望才去坚持，而是坚持了才能看见希望。

张兰，一个普通大学本科毕业的女生，现在在上海一家外贸公司上班。跟大多数普通上班族女孩一样，她白天在格子间辛苦地上班，晚上回到家就想脱掉鞋子，慵懒地躺在沙发上休息。有人问张兰，读了高中，读了大学，现在的日子依然这么辛苦，会不会后悔当初的坚持？她说："我从未后悔，我非常庆幸当初自己坚持了下来。"

张兰的人生中有两次坚持，一次是初中毕业后不顾父亲的反对坚持要读高中，一次就是在高中的时候，成绩平平的她仍然坚持努力用功读书。

即便现在张兰还是一个普通的打卡上班的女孩，但她始终认为，曾经那个为了自己的梦想坚持不放弃的样子，仍然是最美的。是过去的坚持，让她有能力去选择自己想要的生活，去从事自己喜欢的工作。眼下的日子虽然辛苦，但是对于未来，她还是充满期待的。

一

初中毕业后，张兰的父亲并不想让她去县城读高中。理由是，张兰中考成绩平平，只是刚好够普通高中的分数线，即便去读了高中也考不上大学，还不如去学门技术，半年多的时间，就能够出来挣钱。同时，父亲还觉得，女孩

> 努力只能及格，拼命才能优秀

子读那么多书也没用，最后还是嫁人了，倒不如把这个钱省下来给弟弟读书。

当时父亲都联系好了学技术的师傅，就在家门口不远的地方学理发。一来能挣钱，二来父亲也能看着张兰，不让她跑太远，以后也能帮衬着家里。

听到父亲那样坚决的态度，有那么一瞬间，张兰真的很茫然，不知所措。张兰从小就是一个很乖的女孩，父母说的话，她从来都是照做的。反倒是小她四岁的弟弟，调皮得很，净知道瞎捣乱，但父母仍然对弟弟偏爱有加。

眼看着高中开学的日子越来越近，身边的朋友们都在为新学期的生活准备着，而父亲却迟迟未想着把张兰送去学校读书。张兰开始慌了，她的内心有了不一样的悸动，她突然不想再做那个人人眼中的乖乖女了，她开始想着为自己的未来去做些什么。

张兰知道，父亲很听母亲的话，只要母亲说愿意送她去读书，那么父亲肯定会答应的。有了这个想法之后，张兰就去央求母亲。据说，母亲年轻的时候，也有过类似的经历，为了照顾家中幼小的弟妹，不得不从学校辍学，承担起家里的大小事务。成年后的弟弟妹妹拥有了自己喜欢的工作，而母亲的梦想呢，在岁月的沉淀中磨平了棱角，更多的只有生活的责任。张兰就以此为契机，去说服母亲，说自己不希望走她的老路。同时张兰把自己能够想到的好话，都说了个遍，并向母亲保证，以后毕业了，一定会帮衬着家里，尤其是弟弟。

张兰的话触动了母亲，或许更多的是触动了年轻时候的母亲。母亲曾经放弃过的，她不想再让张兰放弃。

那天晚上，母亲去找父亲谈话。起初，父亲仍是不同意，他始终觉得女儿没有必要去读高中，他还跟母亲说，镇上很多像张兰这样年纪的，要么嫁人了，要么早就出去挣钱了，他们让张兰读完初中就不错了。后来，母亲看父亲依然态度坚定，就冲父亲吼道："你要是不同意女儿读高中，那我就自己去外面打工挣钱给女儿读书，你自己一个人留在家里干活。"

最后，父亲看母亲决意要让女儿去读高中，就同意了。那一刻，张兰第一次感觉到了，原来自己想做的事情，只要再稍稍坚持一下，就能够做成。同时，她也很感谢母亲的理解和支持，让她能够如愿地去上高中。

二

当然，步入高中生活后，并没有想象中那么顺利。因为是普通高中，班上的学习氛围并不是很好。很多同学觉得自己成绩不好，就过早地选择了放弃，心想着，只要毕业后，读个普通的专科就可以。还有一些同学，因为家庭条件很好，即便毕业了不读大学，家里面也可以给他们安排好的工作。

再加上班主任经常在班上讲，只有进入班级前5名的人，才最有机会考上大学。毕竟在普通高中，一个班能有两三个人考上大学就很不错了。而张兰当时的排名，是在班里中下游，连班上前10名都没有进。照这样下去，肯定是与大学无缘了。那个时候，努力吧，又觉得追不上，不努力吧，又好不容易央求父母把自己送来高中读书，觉得对不起他们。

很长一段时间，即便张兰在用心地听课，但她的成绩依然没有上去。转眼到了高三，高三意味着距离考大学又更近了一些。张兰也明白，按照现在的成绩，以后考本科肯定是没有希望的。班上跟她差不多成绩的同学，默默地选择了放弃，他们觉得与其花时间在书本上痛苦挣扎，还不如让自己过得轻松一些。

但是，张兰心里还是不想放弃，想再努力一下。她想起了初中毕业后父亲坚决不让她读书的样子，此刻的人生阶段一如初中一样，到了分岔口。如果不努力，高中毕业后，她只能听从父亲安排的工作。尽管当时张兰的排名在班级第20名，但她不想放弃。认真看了各科成绩后，她发现自己的英语和数学成绩还有很大的进步空间。张兰的英语和数学经常只能考到80分左右，她心里想，这两门要是各自再提高30分的话，那总成绩也能提高一些。

> 努力及格，
> 只能及格，
> 拼命才能优秀

于是，那段时间，张兰就把精力重点放在提高英语和数学成绩上。为了提高英语成绩，张兰在房间和卫生间里，都贴了英语单词卡片，以便能及时复习。还有，课间休息时间，她就听着英文歌曲放松。走路回寝室的时候，她也戴着耳机听英语。为了提高数学成绩，她不断地做题目巩固，不知道怎么做的题，就向老师同学请教，并认真地总结。这样坚持了几个月之后，张兰的英语和数学成绩都有了明显的进步。

虽然，到了高考前最后一次的模拟，张兰的成绩仍然没有进入班上前5名，而是排名第6，但是她仍未放弃。张兰认真地总结经验，发现里面有一部分失分是因为她的粗心造成的，如果她能够细心再细心，分数还能再上去一点。

也是靠着这样的心态，张兰高考那天发挥得还算不错，比平常要好一些。即便最后，高考成绩出来，她还是只能上一个普通本科，但那已经是她付出的最大努力了。

因为张兰知道，要是她跟班上同学一样，过早地放弃了，那后来的她肯定是考不上大学的。现在的她越来越觉得那句话说得很对："很多事情，不是看到了希望才去坚持，而是坚持了才能看见希望。"

就如张兰一样，如果当初没有坚持让父亲把她送去读高中，她也读不了；高中的时候，没有坚持努力拼一把，也考不了大学。

或许很多人看到张兰现在的生活状态会说："你曾经那样拼命地读书，现在不也是过得很辛苦吗？"但是只有张兰明白，比起被动选择生活，她更愿意主动去选择。即便现在的生活，在外人看来依然辛苦，但是，目前的生活，她觉得是最好的，是她乐意接受的状态。所以，对于曾经的坚持，她依然觉得很重要，也很有意义，是她人生中抹不去的一道色彩。

有时候坚持，并不是为了得到某些世俗意义上的认可，考上大家期待的重点大学，过上别人眼中羡慕的生活，而是坚持了能够达到自己理想的状态，这就是坚持的意义。

> 学习不是为了别人，而是你自己

你所谓的竭尽全力，
不过是别人的常态

熊 芳

不要把自己的努力看得太重，因为努力本来就是人间常态。在这世上前行的人，没有一个是不努力的。

夜幕低垂，操场边长椅孤影，路灯昏黄。我独自坐在长椅上，内心不甘与困惑交织，反问自己："我已经竭尽全力，为何仍无法超越他？"

回想起那段日子，我像一只被梦想驱使的鹿，每天在跑道上挥洒汗水。我是一名热爱跑步的高中生，我的梦想是通过学校即将举办的选拔赛，代表学校参加市里的中学生运动会，走向更大的赛场。

每天清晨，当第一缕阳光穿透薄雾，轻轻拂过跑道，我的身影已经在那里跃动。我调整呼吸，协调心跳与步伐，每一步都踏在湿润的跑道上，感受着清晨的凉爽。露珠在我脚下轻轻破碎，释放清新气息，融入周围空气。

我严格控制配速，确保每公里的时间都在理想范围。汗水慢慢渗透我的衣衫，紧贴着脊背，带来一种难以言喻的畅快与满足，仿佛每一滴汗水都在诉说着我的努力与坚持。课后，当其他同学或嬉戏打闹，或埋头苦读时，我总是默默地来到操场，继续我的训练。我深信，只要付出足够努力，就必能击败所有对手，夺得桂冠。

> 努力只能及格，
> 拼命才能优秀

可现在，在校运会上，我却遭遇了前所未有的挫败。对手林浩，看似并不比我出色，有时甚至显得吊儿郎当。但赛程过半，他却像风一样，轻易地超越了我，夺走冠军。那一刻，我如同被抽干了所有力气，无力地瘫坐在地上，眼睁睁地看着林浩的背影逐渐远去。

赛后，他成了全校瞩目的焦点，而我则断断续续地从他好友的口中，了解到他日常训练的点点滴滴：他每天比我起得更早，训练量也更大，而且，这种高强度的训练并不是一时的兴起，而是他从未间断过的日常。我震惊，原来我所谓的"竭尽全力"，只是他的日常。

这个发现让我深受打击，我开始怀疑努力的意义，觉得自己就像是一只盲目奔跑的鹿，拼尽全力，却找不到正确的方向。我陷入了迷茫，感到沮丧，甚至萌生了放弃的念头。

挫败感沉重，内心却倔强不屈。我踉跄走进训练室，向老师倾诉困惑与挫败。老师静静聆听，眉宇忧虑，眼神却充满理解。然后，他温和而坚定地说："你远未达极限，真正的全力，是不断挑战，永不满足。"

他继续引导："不要把自己的努力看得太重，因为努力本来就是人间常态。在这世上前行的人，没有一个是不努力的。"这句话仿佛一道闪电，瞬间划破了我心中的迷雾。我意识到，真正的成功不是偶尔的全力以赴，而是持续的、不懈地努力，是不到最后一刻绝不放弃的坚持。

然后，他逐一剖析我的训练与比赛，每句话都如重锤砸心。特别是"技术、配速、心态均需提升"的评判，我恍然大悟，原来竭尽全力并非只是拼尽全力，更需要智慧与策略。在老师的指导下，我明白了如何科学训练，如何调整心态，如何真正做到竭尽全力。

我决定加大强度，延长时间，每天清晨穿轻便跑鞋，在跑道上奔跑。我设定了更高配速目标，挑战自我极限。每次呼吸都伴随心跳加速，感受每一个

> 学习不是为了别人，而是你自己

细胞为奔跑燃烧。我不再局限跑步量和时间，而是尝试多种方法，提升全面性和效率。我学会了如何更有效地利用每一分每一秒，让训练更加有针对性。

在这个过程中，我经历了许多困难和挫折。有时，我会因为训练过度而感到身体不适；有时，我会因为成绩没有提升而感到沮丧。但是，每当这个时候，我都会想起老师的话和那句"不断挑战，永不满足"的信念，然后咬紧牙关，继续坚持下去。

时间如白驹过隙，转眼间就到了选拔赛的日子。我站在起跑线上，心中充满了紧张和期待。我深知，这次比赛不仅是对我实力的考验，更是对我意志和信念的考验。我深吸一口气，调整好身心状态，蓄势待发，迎接即将到来的挑战。

枪响，比赛开始，我如离弦之箭冲出，紧跟林浩，不敢松懈。在跑道上，我仿佛看到了老师的身影，听到了他的鼓励声。这些力量汇聚成一股强大的动力，推动着我不断向前奔跑。

比赛中，我时刻关注心率、配速，调整呼吸、步伐，确保节奏稳健。在长跑中，保持稳定心率和配速至关重要。我时刻提醒自己保持冷静，不受情绪影响。我深知，跑步不仅是一场体力的较量，更是一场心理和智慧的较量。于是，我开始运用自己平时积累的经验和技巧，巧妙地应对着各种情况。

在最后一圈冲刺时，我深吸一口气，调整呼吸与步伐，逐渐拉近与林浩的距离。最后一个弯道时，我猛然加速，凭借爆发力和坚定的意志，成功超越了林浩，赢得了冠军。那一刻，周围的欢呼声如潮水般涌来，我心中充满喜悦和成就感。我高举着奖杯，向观众席上的同学们挥手致意，感谢他们的支持和鼓励。

我深吸一口气，感受着胸口的起伏，那是努力与坚持的见证。这一刻，只有自己知道成功的分量有多重，它是汗水与泪水的结晶，是无数次跌倒又爬起的勇气累积。我意识到，真正的成功，不是战胜了多少对手，而是超越了过去的自己，是在困境中依然能够坚持信念，拼尽全力直到最后一刻。

赛后，我走向林浩，与他紧紧握手。我们彼此对视，无须多言，那份对跑步的热爱与对梦想的执着已经足够说明一切。

市运会的赛场上，我再次站上了起跑线。这次，我更加自信，心中只有一个念头：全力以赴，不留遗憾。枪声响起，我像风一样冲出起点，每一步都踏着坚定的节奏。清晨的阳光透过树叶的缝隙，洒在跑道上，形成斑驳的光影。我感受着微风拂过脸庞的清凉，嗅着空气中弥漫的草木清香，内心充满了力量。

在跑道上，我听到了自己的心跳与呼吸声交织在一起，汗水从额头滑落，滴落在跑道上，瞬间被蒸发成水蒸气，仿佛是我努力与坚持的见证。我紧咬牙关，面部的肌肉因用力而微微颤抖，每一次深呼吸都伴随着胸腔的剧烈起伏，仿佛能吸进无尽的力量。尽管身体已达到极限，但我并未有丝毫懈怠，反而是在这份挑战中找到了新的动力，更加坚定地迈动步伐，向着终点线奋力冲刺。

最终，我凭借坚韧不拔和超越自我的精神，再次夺得冠军荣耀。那一刻，我深知，成功不仅仅属于我一个人，更属于所有在困境中勇于破局、拼尽全力的人。这份荣誉是对我们共同努力的肯定，也是对未来无限可能的期许。

夜幕降临，我再次坐在操场边的长椅上，心中充满无限憧憬。回想起这一路的艰辛与不易，我更加坚信，只要不断挑战自我、超越自我，未来定将创造更多属于我们的奇迹。而这份信念与坚持，也将成为我人生道路上最宝贵的财富。

> 学习不是为了别人，而是你自己

唯有努力，才能收获你想要的生活

闫荣霞

　　只有经历过地狱般的磨砺，才能练出创造天堂的力量；只有流过血的手指，才能弹出世间的绝唱。

——泰戈尔《飞鸟集》

　　她是我的朋友，自幼父母早逝，被哥嫂养大。她常常向我讲起的是幼年间的一幕回忆：她被父亲扛在脖子上，走在乡间曲曲折折的黄土路上去看电影。她是坐在父亲的肩头看的，父亲不高的个子被淹没在人潮里，什么也看不见。电影散场了，她又被父亲背回来。她趴在父亲的肩上睡着了，只感觉一摇一晃，一摇一晃。

　　在对这一摇一晃的记忆中，她渐渐地长大。

　　哥嫂的孩子逐渐出生，逐渐长大，她一边帮着带小娃娃，一边在夜深人静时，就着昏黄的灯光埋头苦学。

　　当她初中毕业，考上一所中专的那一刻，她对哥嫂感恩戴德，哥嫂也如释重负。彼此都不曾辜负，只不过以后需要她一个人去走漫长的人生路。

　　中专毕业后，李婉遇到了生命中的另一半，但他们总是聚少离多，她不但要独自照顾家庭，同时还要兼顾工作。

　　白天，她是一家单位的会计，会计的工作需要她严谨细致，一丝不苟；夜晚，她是刚降生不久的宝宝的妈妈，孩子已经满六个月了，婆婆回了老家，再也没有人帮她带娃。她白天把孩子放在托儿所，晚上她一夜醒几次，给孩子喂奶、换尿布。

她曾经向我叙述过一个场景，那是孩子从托儿所换到幼儿园的第一个冬天。天寒地冻，雪化成冰，路上滑溜溜地站不住人。她快迟到了，三岁的小宝宝坐在自行车后面的宝宝椅里面，她载着宝宝一路歪歪扭扭小心前行。前方有一辆车刹车不及，斜冲过来，吓得她车把一歪，车子哧溜一下摔倒之后滑出老远，孩子从宝宝椅里面被摔出来，后脑勺重重地砸在地上。她跪爬向孩子，一边失声大叫："宝宝！"

她抱起摔得哇哇大哭的小孩，自行车也不要了，急奔向路旁的医院，路上她又摔了一跤。这次她把孩子高高地举起来，自己以一种抢冲的姿态双肘和双膝着地，被磕得鲜血淋漓，就连下巴都被磕青了一大块。

所幸经过检查孩子没有大碍，只不过后脑勺青肿了一块。她又把孩子抱了回来，但是一个托付照顾的人都找不到。无可奈何之下，她请假在家，一边哭一边给宝宝做辅食。

就这么难。

但是，在繁重劳累的工作和日常带娃的心力交瘁之间，李婉还挤出时间写东西。对于别人来说，写作或许是兴趣爱好，或者是别的什么，但对于她来说，却是灰暗而凌乱的沉重生活中的慰藉。

她那么忙碌，又那么孤独，写作是她找到的安慰自己的一片净土。

只不过，这样一来，她就越发显得不合群。同事们觉得她是一个异类，不谈化妆，不喜逛街，不爱聊天，每天神神秘秘、忙忙碌碌，不知道在搞什么。

孩子渐渐长大，爱人也回到家附近工作。李婉终于能够松口气了，起码读中学的孩子有人帮着接送了。但是，当爱人看见妻子让自己接送孩子，她却在电脑上敲敲打打，写一些在他看来不知所谓的文字的时候，他简直像看见了

> 学习不是为了别人，而是你自己

外星人。

怎么？让我洗衣服、刷碗、做家务、接孩子，你却搞这个？

于是，他们两口子第一次吵架，就因为这个导火索。

后来，他们爆发了越来越频繁的争吵，她所在的公司因为经营不善而破产，家庭收入锐减一半，孩子上学的花销却越来越大。

至于她自己，生活状态反而一下子反转：孩子住校读书，爱人职位水涨船高，她却赋闲在家，开始拥有用不完的时间。

只是她的心长了草，看不清前路何在，只有碧草茫茫，风吹长浪。

其实，自从爱人明确反对她写作之后，她已经搁笔已久。现在，她觉得，好像是时候重操旧业了。

她一下子就燃起了热情！

对父母亲的怀念，对过往岁月的回想，对未知生涯的观望，自己曾经看过的每一朵花开、每一片云散……她觉得这些应该是搁爪就忘，没想到全都积压在心底的最深处。现在一个念头起兮，全都勃然喷发，像火山熔岩，灼得天空发烫。

她后来又进了一家私企打工，薪水微薄，仍旧在单位保持独来独往的状态。她在家里也坚持为爱人做着一日三餐、清洗打扫的活计，照顾爱人的衣食住行，操心孩子的课业是进步还是倒退。她把自己的写作用常人的生活状态包裹起来，伪装起来，像一个小心翼翼的伪装者，生活在几乎没有同类的世界。

如是十年。

直到我们遇见。

我知道了她的故事，也知道了她经历过的酸甜苦辣。她需要采访，而受访者把她晾在一边的情况不止一次。等好不容易见到采访对象，人家也只给了她五分钟时间——没办法，来采访他的人太多了。他新得了一个国家重量级奖

> 努力只能及格，拼命才能优秀

项，大量记者蜂拥而来，烦不胜烦。对于她这样一个"野生"记者，根本打不起精神，拿不出好脸。

她苦笑着说："没办法，谁让咱就喜欢干这个呢，对吧？所以虽然我在这些记者里面是岁数最大的，我甚至比受访者的岁数还大，但是，我仍旧得把笑容摆在脸上，谦卑地希望人家接受我的采访，哪怕给我半个小时也行。"

其实，我知道她写作还是因为被灰暗的前景逼迫。有一次吵架，爱人让她滚。凌晨时分，寒风扑面，她出了家门，不知道何去何从。

> 学习不是为了别人，而是你自己

她要自己闯出一条路来。

好吧，她想，那就上吧。

假如以前她的写作是用来抒发压抑的心情，而今的写作还承载着养活自己的重任。

就这样，不断地学习，不断地改进，从文章被发表，到写的书能出版，每走一步，都那么难。

如今，李婉依然奔波于各地，用她的笔记录下人间百态，用文字搭建起一个属于自己的花园。在这个花园里，她可以自由地呼吸，不受现实的挤压；她可以尽情地倾诉，无须担心被误解。

她挣得的稿费，也够她买下一所小房子，那是她自己的避风港。

她通过文字，鼓励着每一个在逆境中挣扎的人。她的故事，是无数追梦人的缩影。

"只有经历过地狱般的磨砺，才能练出创造天堂的力量；只有流过血的手指，才能弹出世间的绝唱。"这是印度诗人泰戈尔在《飞鸟集》里的一句话，你以为它是抒情？不，它是现实。

伍

熬得住就出众，熬不住就出局

学习不是为了别人,而是你自己

熬过无人问津的时光

韩晓薇

每一个优秀的人都有一段静默的时光,我们把它叫做扎根。

七月的天空,透蓝而明亮,夺目的阳光穿透枝丫散落在地上,点点滴滴一片,似乎象征着美好的未来。作为优秀学生代表,我登上了毕业典礼的演讲台,那一刻,从同学们或赞赏或羡慕的眼光中,我仿佛看到了"学霸""人生开挂"的字眼。

然而,只有我自己知道,从来没有什么人生开挂,有的只是那些不为人知的艰辛和苦痛。十年磨一剑,我之所以能有这样的成绩,也不过是一步一步熬出来的。

从我有记忆开始,家中就时常来客,每一次父母都好酒好菜,热情款待。起初,我特别兴奋,期盼着他们的到来,因为等他们走后,我和妹妹便可以对着剩余的菜肴大快朵颐,美美地吃上一顿。慢慢地,我才意识到,他们并非远方来客,而是前来催款的讨债者。

为了还清欠款,父亲只能四处奔波,寻找赚钱的门路。而母亲也不得不把我和妹妹留给爷爷奶奶,去外地打工贴补家用。因疏于管教,我越发洒脱叛逆。后来,家庭情况好转,父母也回到了我的身边,但因基础太差,直到初中,我都是别人口中所谓的"坏学生"。

学习成绩不理想,还经常迟到翘课,同学们都纷纷表示,不愿意和我做朋友。青春期的女生都相当敏感，看着他们眼神中充满轻视和略带一丝嘲讽的目光，我的内心充满了自卑。但在自卑之余，一股不服输的劲儿却悄然涌上心头："等着吧，我一定会让你们刮目相看的。"

这股不服输的劲儿时刻燃烧着我，于是，我便告诉自己："一定要好好学习，争取用成绩打败那些瞧不上我的人。"

人生就像马拉松，能跑到最后，拼的不是瞬间的爆发力，而是持久的耐力。学习也是如此，一时的刻苦不算刻苦，唯有长久努力，才能结出丰硕的果实。之后的日子，我仿佛变了一个人，上课认真听讲，课后按时完成作业，还利用一切间隙恶补落下的课程。学习态度改变后，我的成绩得到了稳步提升，不仅成功打脸那些看不起我的人，还一跃挤进了班级前几名的行列。

后来，我犹如"开挂"一般，成绩提升的同时，还多次在数学竞赛中获奖。就这样，我成了父母和老师的骄傲，也成了同学们竞相学习的榜样。

朋友见我变化如此之大，纷纷前来请教秘诀，可只有我知道，根本没有什么秘诀，有的不过是日复一日地坚持。初入高一时，我凭着满腔热忱，以为只要和从前一样足够努力，就能提高成绩，让老师喜欢，让父母满意，同时又无愧于自己。

但哪有那么简单，数学、物理、英语交叉在一起，每一科都令我头疼不已。刷不完的题，考不完的试，折磨得我几近崩溃。曾几何时，我想到了放弃，可看到同学们埋头学习的身影，我又不甘心。

"既然别人能扛下学习的苦，凭什么我不能扛？"我这样告诉自己。为了理清知识点，我从来没有在十二点之前睡过觉，实在太困，就躺在床上背单词，第二天醒来后，我才发现手电筒居然亮了一整夜。

功夫不负有心人，之后我的成绩慢慢攀升，开始稳居班级前几名，接着还冲刺到了年级前列。最终，我以优异的成绩考上了梦寐以求的大学。

> 学习不是为了别人，而是你自己

当作为优秀学生代表，被请上毕业典礼演讲台的那一刻，我的内心顿时充满了成就感和满足感，因为不管怎样，我都通过努力换来了想要的结果。那一刻，阳光灿烂，绿树成荫，望着眼前的情景，我知道自己的人生正在徐徐展开，并且犹如这些大树一般，枝繁叶茂，摇曳生姿。

古语有云："不积跬步，无以至千里；不积小流，无以成江海。"没有谁的成功是一蹴而就的，所有闪闪发光的现在，背后都是充满艰辛、痛苦的荆棘之路。在一个个无人问津的日子里，我们付出的努力都将化作坚硬的基石，铺就出一条条康庄大道，为我们指明方向，探索美丽的风景。唯有熬过黑暗的日子，我们才能收获鲜花和掌声，拥有璀璨耀眼的人生。

季羡林老先生曾用细腻的笔触，描绘了一幅"荷开满塘，美不胜收"的画面。却未承想，如此美景居然是四年扎根的结果。起初，池塘上只是"小荷才露尖尖角"，直到第四年，奇迹才真正出现，原本漂浮着五六片荷叶的地方，迅速扩张，很快便铺满了整片池塘。与此同时，荷花接踵而至，仅一夜之间，就迎风弄姿，高高凌驾于荷叶之上，闪烁着耀眼的光芒。其实，学习就好比这一颗颗莲子，要想繁花似锦，就得扎根于泥土中，好好沉淀。一旦沉淀到适当时机，你便能厚积薄发，开出属于自己的花。

忽然想起这样一句话："每一个优秀的人都有一段静默的时光，我们把它叫做扎根。"那段时光或许很孤寂，或许怎么努力也没有结果，但一定不能慌，要沉下心告诉自己："这只是暂时的。"

当我们熬过那些暗无天日的时光，就会发现天终究会亮，春总会来到。所以，不要害怕无人问津，也不要害怕默默无闻，坚持走下去，才能为自己搏得一个精彩的人生。

> 熬得住就出众，
> 熬不住就出局

读书虽苦，但坚持一定很酷

红素清

少年的书桌上没有虚度的光阴，那些看似不起波澜的日复一日，终会让你看到坚持的意义。愿你乘风起，扶摇直上九万里，尽管黑夜漫长，前行必有曙光。

夏日的晚上，外面总是格外热闹，人们都想去享受晚风带来的丝丝凉意。此时乔琪一家人却整整齐齐地坐在家里，冷气开得十足，倒不是他们不喜欢外面的风，或者觉得冷气带来的凉意比风更舒服，而是再过一会儿，高考分数就要出炉了。

乔琪还有一个双胞胎哥哥叫乔安，一家两个考生，郑重一些也情有可原。不过用乔琪妈妈的话说："乔安不用担心，先看乔琪吧，我就担心他！"

时间越来越近，乔琪的心提到了嗓子眼儿，终于他看到了那个分数，过了二本线，悬着的心总算是放下来了。可乔琪怎么都没有想到，面对这个成绩，妈妈还是坚持让他复读，理由是与哥哥乔安差距还是有些大。

乔安与乔琪虽是双胞胎，但两人的性格完全不一样。乔琪好动，上课总是坐不住，从小到大最爱闯祸；乔安却和他相反，喜欢安静，爱学习爱看书，是老师和家长眼中那个别人家的孩子。

"都是一个娘生的，你看看人家乔安，再看看你……"每一次考试和闯祸，乔琪都能听到这句话，乔琪讨厌听到这句话，他多么期望离乔安远一些。

学习不是为了别人，而是你自己

初中时，乔琪的愿望实现了，乔安因为成绩优异考入重点中学，而他只能勉强上一个录取分数最低的中学。在那个中学，乔琪加入了一个乐队，他喜欢上了弹琵琶，因为他弹琵琶的时候好多人都会为他鼓掌，像弹奏演员一样，他喜欢那种感觉。

因为迷恋那种感觉，于是乔琪对琵琶有了执念，他省吃俭用买了一把琵琶，没日没夜地练习。起初，妈妈还会数落他两句，后来他成绩越来越差，妈妈对他读书也失望至极，抱着培养一个兴趣的心态，鼓励他练习琵琶。这一鼓励不要紧，乔琪上心了，他早上愿意早起一个小时学谱子，晚上更是愿意晚睡练琵琶，手上的胶带贴了一层又一层，他丝毫不觉得苦。

看到这么能吃苦的乔琪，妈妈内心原本已经灭掉的火花又点燃了。她觉得乔琪是能吃苦的，只要他肯把在琵琶上吃的苦用到学习上，那么他的成绩就还有救。

乔琪太爱弹琵琶了，他本以为自己找到了人生理想，却没有想到那不是理想而是软肋。妈妈开始给他布置学习任务，如果学习任务完不成，也就没有琵琶什么事了。无奈之下，乔琪接受了妈妈的条件。

乔琪妈妈是懂学习方法的，知道哪些科目补起来更快。她从语文、历史、政治那些背诵性的知识开始抓起，她觉得谱子能够背下来的孩子记忆力一定不差。就这样，乔琪那原本已经被定义为"烂尾楼"的学习突然开工了，而且功效不错。

尝到甜头的乔琪妈妈开始变本加厉，乔琪弹琵琶的时间越来越少，被要求学习的时间越来越多，睡着的乔琪怀里的琵琶变成了理科习题……

乔琪第一次因为成绩被表扬了，进步奖、标兵奖……当他站到领奖台上的那一刻，他感觉自己比弹琵琶得到掌声时更自豪，内心的喜悦翻了倍。

"哑巴吃黄连也不过如此！"那段时间乔琪最常说的就是这句话了，不过说这句话的时候，他想的是上台领奖的情形，心里是甜的。

中考那年，乔琪考上了重点高中，就是乔安所在的高中。也许一个人只有变得优秀，才能体会到优秀的滋味是多么美妙。当乔琪迈进那所高中的大门时，他觉得里面的一草一木都那样别致，甚至连空气都清新好多。可是这种美妙的感觉没有持续多久，因为他发现他的成绩在这所学校根本上不了台面，能上得了台面的是乔安。

乔安再次成了乔琪妈妈嘴边离不开的名字。为了让乔琪赶上他，她收了乔琪的琵琶，所有乔安看的书、做的题，她都会统统给乔琪买回来，甚至私下要了乔安的作息时间表，然后给乔琪复制了一个。

乔安的作息时间表让乔琪体会到了什么才是真正的"哑巴吃黄连"，那种苦是被知识和题目埋在里面的苦，你的每一分每一秒都被学习占据，若是一天两天就算了，长期坚持下去那真是要了命的难。

不过已经苦了三年的乔琪咬咬牙坚持下来了，他本想着在这里再体验一次演奏者的感觉。可是重点高中的同学没有一个不在吃学习的苦，他在进步别人也在进步，那个领奖台实在太难挤上去，他一直挤到结束，过了一个二本线。

若说不甘心，乔琪当然是有的，尤其在看到自己和乔安的差距之后。但是六年了，他已经用尽了自己全部的力气，也许这就是他的宿命，他在心里这样告诉自己。

乔琪本就不甘，妈妈在和他谈复读的时候又是一口一个乔安。乔琪想起这些年自己吃的苦，心中的委屈与愤怒一瞬间就爆发了，于是生平第一次忤逆了自己的妈妈——摔门而出。

不过姜还是老的辣，乔琪的忤逆没有起到任何作用，她的妈妈没有改变自己的主意。最终在妈妈的软磨硬泡下，乔琪妥协了。"不就一年吗，那就再坚持一下。"他在心里告诉自己。

五点十分的闹钟仍旧每天准时响起，睡觉的时间由十一点变为十一点半再变为十二点……书桌上堆着的习题越来越高，上课、做题、吃饭、睡觉……日子就这样一天又一天地重复着，一年的光阴很快就过去了。

已经经历过一次高考的乔琪，这一次略有经验，良好的心理状态加上这一年努力的加持，他的高考分数出乎意料的好，甚至好过了去年的乔安。看到分数线的那一刻，乔琪激动地放下手上的琵琶，他亲吻着屏幕前的那些数字，紧紧地抱着妈妈。

这一次虽然没有领奖台也没有观众，但是看着父母以及哥哥乔安那热泪盈眶的眼睛，他觉得他比之前的任何一次都像"明星"。

妈妈的手机里储存了乔琪很多学习时的照片，戴着耳机跟读英语单词的、伏案刷题的、闭眼背诵的、冥思苦想的……乔琪将那些照片打印出来反复观看，他从来不觉得自己那样帅，自己学习的样子那样酷。

乔安说最酷的是乔琪的坚持，从乔琪身上他看到了坚持的力量，也明白每个少年的书桌上都没有虚度的光阴，那些看似不起波澜的日复一日，终会让你看到坚持的意义。愿你乘风起，扶摇直上九万里，尽管黑夜漫长，前行必有曙光。

乔琪觉得学霸就是学霸，说出来的话都这么酷。他将乔安的话记在心里，他说未来的日子里，他会让这几行字永远陪伴着自己。

> 熬得住就出众，熬不住就出局

我不聪明，但我比别人更努力

栗凯丽

最清晰的脚印，印在最泥泞的路上。

在人生的舞台中，聪明似乎总被认为是成功的捷径，然而对我而言，"聪明"却从来与我无缘。但我相信即便没有聪慧过人，凭借坚持不懈地努力，也能走出一条属于自己的精彩之路。

期中考试的成绩下来了，看着卷子上那刺眼的成绩，我无奈地叹了口气，腹诽着："我就是太笨了，怎么成绩就提不上去，要是我再聪明一点点，就一点点，一定不会这样。"看着沮丧的我，好友鼓励说："不要灰心，我看你平常也用功了，继续坚持，会有收获的。"

我默默地点了点头，心里却在想：继续坚持努力真的有用吗？

拖着沉重的脚步回到家中，妈妈知道了我的成绩，不由分说就是一顿臭骂："你一天天的都在学什么？你怎么这么笨，就这点东西怎么就学不会。"

我把心里的委屈也咆哮了出去："对，我就是笨，就是学不会，我也想考个好成绩啊，可是我就是考不好。"我哭着摔门进屋。

我一直以来就不是很聪明，自从升到初中后，更是感觉有些吃力。课堂上，老师的讲解犹如快速流动的溪流，而我就是那个在溪流里迷失方向的小鱼，难以跟上老师的节奏。

那些复杂的公式、拗口的古诗、一长串的单词，统统让我力不从心，眼

> 学习不是为了别人，而是你自己

花缭乱。看着周围同学轻轻松松地完成任务，而我还在苦苦挣扎，一种自卑和无力感萦绕在心头不能散去。

爸爸端着一盘水果放到我桌上说："孩子，别着急，这次没考好，还有下次，只要你不放弃，肯定行。你看看咱们要不然请个补课老师，应该会对你有所帮助。"我点点头想着："这次我要证明我自己，要比之前更用功。"

补课老师如约而至，在学习了几次课后，有一天老师跟我聊天说："这几次我看你，好像做题的时候很害怕，有什么原因吗？"

我纠结地回答："我觉得我不聪明，这些题我真不会，而且怎么努力都还是不会，即便课上认真听老师讲也没效果。"

老师看着我的眼睛真诚地说："那怎么办？你是打算放弃就不学了吗？"

"不，我太想学会了，但是就是学不会。我很有挫败感，所以总是不敢坚持，害怕尝试，怕尝试过后还是失败。"我沮丧地答道。

老师温柔地拍了拍我的肩膀："不要因为自卑，因为害怕就放弃尝试，你看我们走路，是不是最清晰的脚印，印在最泥泞的路上。所以，别怕，一步一个脚印来，咱们踏实去做，会有水到渠成的结果的。"

听着老师的话，心中的迷茫仿佛被驱散了不少，但是依旧在怀疑自己：我不聪明，继续尝试真能学好吗？

没过多久，体育课上，老师组织长跑测试，我的长跑一向不好，也没抱希望。随着老师的哨声，同学们唰地一下都冲了出去。我也不甘示弱，一个劲地往前冲，跑着跑着，呼吸越来越急促，双腿更像是灌了铅一样沉重，同学们一个个从我身旁跑过，我的内心充满了焦急。

就在我想要停下来的时候，突然想到现在学习的瓶颈，难道在体育上我也要轻易放弃吗？不，我不甘心，我咬着牙拼命地往前冲，汗水浸湿了我的衣襟，喉咙干得冒烟，心中只有一个想法：坚持下去！当我冲到终点的那一刻，瘫倒在地。好友惊讶地看着我说："厉害呀，你知道你跑了第几名吗？你跑了第三名，真棒！"

听着好友的话，就在那一瞬间，我突然明白了，原来只要有一颗坚持努力不放弃的心，即便我没有天赋，即便我还有点小笨，即便暂时没有效果，最后也一定能有所突破。

从此以后，我豁然开朗，我把练习体育的这份拼搏精神用到了学习上。我不再自卑也不再抱怨，每天清晨第一个到教室，背那些让我头痛的古诗和单词，晚上回家挑灯死磕那些数学。疯狂地背书，疯狂地刷题，甚至一天能写光一支笔芯，后来我买笔芯都一盒盒买。

老师说我变了，不再是那个眼神无光，犹犹豫豫不敢尝试的女生。

就这样经过一段时间的努力，我的成绩开始有了起色，一切都在朝好的方向发展，最终我考上了理想的高中，开启了新的旅程。

你要相信，你是一颗种子，一颗会发光发热的种子。在发芽的途中你也许会遭受怀疑，会遭受磨难，但请你不要放弃，那些看似波澜不惊的日复一日，会在某一天让你看到坚持的意义。

我想告诉每一个觉得自己很笨的人："努力是一种力量，一种可以改变命运的力量。虽然我们不聪明，但是只要自己不放弃自己，就算是蜗牛爬行，也总能到达终点。"

我们会迷茫，也会抱怨，上天给了我们一个不聪明的头脑，就是想让我们知道，这不聪明的头脑才是我们最珍贵的东西。因为知道起点低，所以才会更加努力，努力实现自己的价值，努力迎接自己的光明。

> 学习不是为了别人，而是你自己

人最可怕的，就是清醒着沉沦

路 平

人一旦沉沦，哪怕是短暂的几年，命运都会以最快的速度，收走你的天赋和力量。

翻开高中同学录，一个个熟悉的名字和一张张纯真的笑脸，涌现在我的眼前，唤起了我沉睡许久的记忆。尤其是翻到一页同学录，上面只孤零零地写了"张鹏"两个字，其余空白时，我的内心泛起了阵阵涟漪。

想到张鹏，一个曾经阳光、优秀的大男孩，最后却因为生活中的变故，变得消极沉沦，到最后慢慢淡出大家的视线，我还是觉得分外可惜。如果当时的他，没有选择沉沦堕落，那么他的人生肯定不会是现在这样。相反，原先班上一些资质平平的人，因为始终保持积极的心态，默默地努力着，最后却拥有了不错的成绩。

高中阶段，是人生中的一个重要分水岭，命运的波澜，在此刻显得分外明显。

一

高二分班后，我就跟张鹏分到了一个班上。跟大家一样，我首先是被他阳光的外表所吸引，他活泼、开朗、健谈，让人觉得很温暖。同时，他的成绩也很优秀，在班上稳定排名前五名。他为人也很热心，同学们向他请教问题时，他总会耐心地为大家解答。那个时候的他，是班上闪闪发光的存在。老师

> 憨得住就成众，
> 憨不住就成局

在他身上寄予厚望，同学们也很喜欢他。

只是这样的情况，并未持续多久。高二下学期，有一天，他在上课的时候，突然接到家里面打来的电话，说是他的母亲身体倍感不适，送到医院检查发现是癌症晚期，叫他做好思想准备。再后来短短几个月的时间，母亲的病情急剧恶化，不久后就离开了人世。

母亲的突然离世，让张鹏痛苦不已，曾经那个为了自己的理想而不懈奋斗的少年，顷刻间，好像泄气了一样。对于未来，他充满了迷茫，以前坚定的东西，也开始动摇了。他开始变得放纵，以前热爱学习的他，现在竟然允许自己在学校里面混日子，后来甚至迷恋上了打游戏。

同学们在教室里上晚自习，他就骑着自行车去网吧打游戏，经常一玩就是一整夜。白天同学们在认真听课时，他却趴在桌子上睡觉。没睡觉的时候，他也很少听课，不是闷着头看小说，就是看漫画。他逃离现实生活，沉浸在虚幻的世界当中，似乎那样才能救赎自己痛苦的灵魂。

起初，同学们还会为他的不幸遭遇惋惜。但是后来，大家发现，现在的他，放纵成了常态，于是大家就各自朝着自己的目标大学努力着，而他终日沉沦着，堕落着。

所以，高考成绩出来，那些一开始成绩不如他的同学，因为始终朝着心仪的大学努力着，没有放弃，最后拿到了自己理想大学的录取通知书。而张鹏，最后连一个普通大学也没有考上。大家都知道，如果他没有自我放弃，以他的成绩绝对可以上一个重点大学。只是那个时候的他，未曾意识到，放纵沉沦是需要付出代价的。

命运有时候就是这样，你的努力和坚持，时间会证明，它会慢慢开花结果，在某个节点，它会让你得到预期的结果；同样，你曾经放弃的，命运也会把你抛弃，在多年后，你突然幡然醒悟，那时真不应该。

学习不是为了别人，而是你自己

二

  高中毕业后，考上大学的同学们开始了新的校园生活，而张鹏不得不早早地步入社会开始工作。只是，仅有高中文凭的他，找工作并不是一件容易的事。想找一份稳定又收入颇丰的工作，自己学历又不够；想找一门有技术含量的工作，未来也能有一技之长，别人却担心他年轻浮躁做不长。无奈，他最后只能去厂里做普工。那个时候的他，半个月上早班，半个月上晚班，早班是早上六点到晚上六点，晚班是晚上六点到第二天早上六点。

  日子就这么稀松平常地过，只是到了冬天，走在凛冽的寒风中，似乎嘴巴里呼出的气都能结出冰的季节，让他觉得分外孤独。天还没亮，他孤零零地走在上班的路上，时常会怀念自己读书的时候，他想此刻他的同学们是不是还在舒舒服服地睡觉。

  有时候，当他经过车间行政办公室的门口时，他的内心也会倍感落寞。他上晚班的时候，办公室的灯是关着的，因为他们不用上夜班。上白班经过办公室的时候，时常会看到里面的工作人员脸上挂着笑容，与自己繁重无趣的生活形成了鲜明的对比。

  有那么一刻，张鹏的内心是被失望和遗憾填满的。在无人看到的角落，他有时候会陷入深深的思考。命运曾经给过自己很好的底牌，可惜他没有珍惜。他突然明白了那句话：人一旦沉沦，哪怕是短暂的几年，命运都会以最快的速度，收走你的天赋和力量。

  他现在不就是这样吗？原本，好好努力上大学，大学毕业了，再凭借着自己的努力，去寻求一份喜欢的工作。可是现在，中断学业的他，只能被迫选择这样一份工作，而这样的日子不知道要持续多久。每天干着重复的工作，不知道未来的出路在哪里，身边连一个熟识的朋友都没有。曾经有多么的放纵，现在就有多么的痛苦。这种痛苦最主要是来自心理上的落差，是一种我本可以

> 憋得住，就成众，
> 憋不住就成局

过上更好的生活，但是因为当时选择了沉沦，现在只能如此。

这样的日子，是张鹏高中毕业前几年的常态。再后来一次遇见他，是我家新房装修的时候，距离我们高中毕业已有十年之久。那天，一个木工师傅来我家安装家具，起初我还没认出来，还是他先认出我来了。我问他："这些年，你过得怎么样？"他说："也就那样吧，日子平平常常地过，肯定没有你们读了大学的舒服。"

后来，他跟我聊了他这些年的经历。他说，他高中毕业在厂里干了三年之后，觉得继续待在厂里也没有多大前途，加上自己对木工比较感兴趣，就去央求熟识的师傅，教自己这方面的手艺。起初学徒的日子很辛苦，事情也特别多，但是他知道，这次的学习，是唯一可以弥补当年遗憾的机会，所以他就认真地学了起来。在别的学徒嫌活累的时候，他主动从师傅那边把活揽过来做。也是依着他的这份认真勤奋，他的木工技术越来越好，身边推荐他做事情的人也越来越多，日子慢慢地有了盼头。

只是，偶尔他还会觉得有些遗憾，当初没能继续努力考大学。好在，他没有一直纠结下去，因为他有孩子要养，肩上有他需要承担的责任。他还说："等孩子长大一点，我要告诉他，要坦然地接受生活中的变故，不要当一只只会逃避的鸵鸟，要继续努力前行，不要忘记当初自己为什么开始，别轻易放弃。"

有时候，看着班上成绩不如他的一些同学，现在有了一份收入颇丰的好工作，他也惆怅过。人生有时候或许都会有遗憾，那些曾经虚度的时光，会把自己推入很长时间的黑暗之中。不过好在，后来的他经过了生活的磨炼之后，又重新燃起了斗志，对生活充满了希望。

高中生活敏感而脆弱，意外的状况可能会扰乱我们学习的进程。但是亲爱的你，我希望你能够勇敢地穿越那片苦海，去抵达自己向往的彼岸，而不是一直沉浸在苦海中，沉沦、堕落。那样多年后，当你幡然悔悟的时候，会发现曾经的自己是多么的脆弱，其实当时的自己，可以再勇敢一点。

> 学习不是为了别人，而是你自己

别让今天的懒，成为明天的难

方 圆

向未来张望的时光，或许孤独而漫长。希望努力过后，都是晴朗。

下楼丢垃圾，你每次都是走到垃圾桶边上，再稳稳地丢进去。

但今天你懒得走了，就在离垃圾桶几步路的地方，用力把垃圾抛了出去。

没想到，垃圾并没有掉进垃圾桶，而是在差一点点的地方跌落，袋子也散开了，垃圾散落满地。

本来只需要1分钟的事，最后你花了3分钟才完成，还弄得满手脏污。

你以为你是输给投掷的技巧吗？不，你是输给了自己的懒惰。

这个道理很简单，曾经我却花了很久才懂得。

一

期中考的成绩公布了。

晚自习，我看了一眼学习委员发下来的成绩条，全班第25名，还是中规中矩的排名。

从高一入学到现在，我明显感觉到学习吃力了许多，再不是靠记忆和小聪明就能拿到好成绩的时候了。翻开课本，上面的字我都认识，但合起来我愣是怎么都看不懂，写作业就更难受了，大题没看解析基本毫无头绪。

我看着试卷上大大的叉，一点订正的动力都没了。算了吧！到时候能上个大学就行了，成绩拔不拔尖的，也无所谓。

  我自我安慰着，把叠在教辅下面的小说抽了出来。本来想着就读一章节放松一下的，没想到越看越精彩，一时看过头了。等到下课的铃声响起来，我才突然惊醒：自己居然看了一节课的小说！

  没事没事，晚上回宿舍再订正吧，我如是想着。

  然而，回到宿舍，在舍友的怂恿下吃了点宵夜，又花了点时间洗漱，还要跟隔壁的同学聊点八卦乐和一下。等我终于想起来要订正试卷的时候，熄灯了。

  没办法，只好上床睡觉了。

  这种剧情，几乎天天上演。

  我也曾想改变现状，可是一旦打开课本，又情不自禁地打了退堂鼓。我像一个被设定好的角色，陷入日复一日的循环当中，如果没有意外，可能人生就这样平淡无趣地继续了。

  我不知道，"意外"这么快就来了。

二

  周末，在外地工作的表姐有事回家，顺便带我出去吃顿大餐。

  表姐成绩不太好，只读了专科，但她一路专升本，又读了研究生，毕业之后跟同学合伙创业，现在混得风生水起。从小我就很爱跟表姐一起玩，总觉得她的人生太酷了，一路逆袭一路开挂，很想跟她一样活得自由自在。

  谈笑间，表姐照例关心了一下我的学习。其实我一直挺不明白的，她从小学就常常催我上进，比我爸妈还上心。

  这次我把自己的真实想法和盘托出了。

  "高中太难了，我学不会……但是我觉得没关系啊，像表姐你一样不是很好吗？就算读了专科，我还可以专升本，一样可以找到好工作的。"

表姐听了我的话，少见地沉默了。她严肃地跟我说："你只看到我现在的成功，但你知道我多费了多少劲吗？大学四年，专科加专升本至少要五年，这意味着我要比别人多读一年大学。更不要提当中遇到的挫折、迷茫，以及备考的压力……如果我高中好好读书，考上本科，考上好的大学，我能节约更多时间，得到更好的机会。"

表姐喝了一口水，总结道："你现在的懒，会变成以后的难。我多希望自己在高中的时候，能明白这个道理，但你还不晚！"

我震惊到失语。

接下来的时间，我食不知味，等到从饭店回到宿舍，还没缓过神。

老实说，我从来没有从这个角度想过问题。我没计算过当下每个行动的成本，没规划过以后的人生，只想着现在的轻松，却没想过未来的痛苦。

更没想过，同样的一段路，现在不走，以后就要费几倍的劲。

三

我对自己说："不能再这样下去了！难道我也要像表姐一样，等上不了本科再来使劲吗？"不！我要改变！那么，具体该怎么办呢？我迷茫了。

后桌兰兰告诉我，要想学习好，基础要打牢。我的基础太差了，还要多花点时间从头补起。作为班级前3的学霸，她帮我梳理了一遍学习重点，我又给自己制定了如下计划：

每天上午，提前半个小时起床读英语、背课文；晚自习结束再加学一小时，把之前没下功夫弄懂的知识重新学习一遍。

完美的学习闭环，快速进步不是梦！我这么想着，信心满满地开始了。

奋斗的第一天，我睡过头了。5个闹钟都没能把我闹醒，晨起读书计划夭折。

奋斗的第二天，在一头雾水中熬过加时课。看不懂，根本看不懂！

> 憋得住，就出众，
> 憋不住，就出局

奋斗的第三天，一半的时间在神游，另外一半，嗯，不提也罢。

第四天……一星期过去了，除了收获两个熊猫眼，还有一颗绝望的心，毫无进展。

我看着每天神采奕奕、专注学习的兰兰，诚心发问："为啥你学起来这么轻松？"兰兰边做题边回答我："如果你从初中开始，课前预习，课后复习，不懂勤问，题库勤刷，你也可以学得不太费劲。别忘了，在你每天睡大觉的时候，我可是在背单词呢！"

我顿悟了：出来混，果然是要还的！自己以前偷过的懒，现在只能百倍来偿还。现在的我，流的汗水和泪水还远远不够啊。

接下来的时间，我跟着兰兰早出晚归。从昏昏欲睡到日渐专注，从满眼迷茫到思维清晰，我用了整整1年、12个月、84周、365天，才仅仅补了个基础。

高二期中考，我进步了15名。

现在的我，不再把赌注押在未来，而是把汗水留在当下。单词背了吗？教辅看了吗？习题刷了吗？作文练了吗？时间都利用了吗？真的拼尽全力了吗？

每当我想偷懒，想摆烂的时候，我就会想起和表姐谈话的那个下午，然后便会重拾勇气，咬咬牙继续前行。

是啊，人生就像一个盲盒，你永远不知道以后会开出什么，是惊喜还是遗憾，是机遇还是挑战。你能做的，只有抓住所有机会，打破所有障碍，做当下无悔的自己。

越长大越发现，在现实面前，人有时候真的很无助。而学生时代，是努力的性价比最高的时候。

因为，你做的每道题，背的每首诗，思考过的每一分钟，黑夜中熬过的每一晚，都不会背叛你。它们稳稳地托着你，助你迈向更光明的未来。

学习不是为了别人，而是你自己

人生没有白走的路，每一步都算数。既然时光无法倒流，何不在今天全力奔跑一回？

向未来张望的时光，或许孤独而漫长。希望努力过后，都是晴朗。

希望正在看这篇文章的你，不负青春，不负韶华！

你的自律，终会让你出类拔萃

王辛未

那些在别人看不见的地方也自律的人，真的连老天爷都不忍辜负。请相信：在暗处执着生长，终有一日馥郁传香。

"站住！"

一中附近的一条窄巷子里，杀出一个蒙面少年，他以塑料尺作剑，剑指另一名少年，眼露"凶光"道："此巷是我开，此树是我栽，要想过此路，留下学习秘籍来，哈哈哈！"

"向楠，小心有监控！"

被威胁的少年话音一落，蒙面少年立即收回手，将塑料尺藏到身后，然后抬头紧张地朝四处看，生怕下一秒警察叔叔来把他抓走，发现根本没监控后，生气道：

"李佳航，你骗人。不对，我都拿校服蒙面了，你怎么还能认出我？"

"谁叫我们小学做了6年同桌，你的'哈哈哈'不要太有辨识度，简直魔音入耳。"

"哼，没想到3年没见，你还是这么招人讨厌！"

向楠说李佳航讨厌，其实另有所指。

学习不是为了别人，而是你自己

一

今天上午的开学典礼，向楠意外发现，那个站在台上，代表高一新生发言的学生，竟然是他阔别3年的小学同学。

向楠简直不敢相信，他几次揉了揉眼睛，盯着对方看了又看，终于确认：虽然个子蹿了不少，婴儿肥也消失了，但没错，就是他，那个小学6年一直被他实力碾压的同桌——李佳航。

向楠和李佳航是邻居，两人差了半岁，向楠一出生，就平白给人当了弟弟。

如果光是叫"哥"也就算了，偏偏天下的父母都有一种心理：有一种优秀叫做"别人家的孩子好"。

从向楠有记忆起，向妈就在向楠耳边唠叨："你要乖，要听话，要向佳航哥哥学习。"向楠不爱吃蔬菜，向妈就说："要向佳航哥哥学习，吃饭不挑食。"向楠爱睡懒觉，向妈就说："要向佳航哥哥学习，早睡早起。"向楠不爱刷牙洗脸，向妈就说："要向佳航哥哥学习，爱干净讲卫生。"

每次吃瘪，看到李佳航朝他吐舌头的模样，向楠就气得牙痒痒，他发誓一定要扳回一局。上了小学后，机会终于来了。一次考试，向楠的成绩甩出李佳航一大截，那天回家后，向妈第一次没拿李佳航和他比，而是买了一根炸鸡腿奖励他。反倒是李佳航家里，李妈不停念叨，让李佳航向向楠学习。

从此向楠发现，在学习成绩面前，什么不吃蔬菜、睡懒觉……统统都是小事情。之后每次上课，向楠都端着小身板聚精会神听讲，每次考试都全力以赴。功夫不负有心人，小学6年，向楠的排名都在李佳航之上，他用实力向向妈证明了：有一种优秀还是自己家孩子好。

向妈看向楠成绩这么好，小升初时，将他送进了市里的中学。然而没想到，向楠在初中3年里，竟然沉迷上了打游戏，经常逃课去网吧。向楠的成绩直线下滑，向妈和向爸急得上火，而这时李佳航却以县初中第一的成绩考上了高中。

　　向妈果断给向楠办了转学，让他回县城读高中，向邻居哥哥李佳航这个好榜样取经。可是从市里退回到县里，向楠觉得丢人，再加上还要跟小学成绩一直不如他的李佳航求教，他抹不开面，于是就有了开头那一幕。

　　可没想到他的伪装轻易被李佳航识破了，真是丢人丢大发了。虽然已经被看穿，但向楠还是拉不下脸求助，索性道："厉害啊，3年不见，都成第一了。不过小爷回来了，往后一中第一，鹿死谁手，可不好说？"

　　面对向楠的挑衅，李佳航丝毫不示弱："是吗，那走着瞧。"

　　"哼，走着瞧就走着瞧！"说完，向楠将塑料尺往书包一放，雄赳赳气昂昂地走了。

　　然而打脸的是，整个高一上半年，每次大考小考，向楠连年级前50都没进，更别提跟李佳航一较高下了。

　　向楠终于体会到了，什么叫实力碾压，他也终于放弃了自己幼稚的想法，放下所谓的面子，虚心向李佳航求教："哥，你学习有啥绝招，教教弟弟呗！"

　　"没啥绝招，就两个字，不过我跟你说了，你也听不懂，即使听懂了，你也做不到！"

　　"别小瞧人，你只管说，我保证能听懂，一定能学会。"

　　"我要传授给你的二字秘诀，是'自律'。"李佳航严肃道。

　　"啥玩意，自律，吃的还是用的，难道是哪个游戏里的装备？"向楠听后一脸蒙。

　　"夏虫不可语冰，朽木不可雕也！"李佳航故作高深地来了两句，一副"我就说你听不懂，你还不信"的表情。

学习不是为了别人，而是你自己

二

　　整个寒假，向楠都在偷偷干一件事：研究李佳航。自从上次虚心请教遭讽刺后，向楠就发誓，一定要找出李佳航所谓的"自律"到底什么玩意，这个让李佳航脱胎换骨、出类拔萃的绝招，他非得给它拆开揉烂，化为己用不可。

　　经过观察，向楠发现，当他早上9点懒洋洋起床，在被窝里举着平板电脑和队友在游戏世界里酣战一小时后，来到李家时，他发现李佳航已经将一套数学卷子做完了，正往外拿英语测试卷。

　　"李佳航，你早上几点起的？"

　　"想知道？明天早上5：45家门口等我！"

　　第二天，当向楠揉着眼睛，打着哈欠，趿着拖鞋走出家门时，看到的却是穿着运动鞋，一身运动装，精神抖擞的李佳航。

　　"早啊，正如你所见每天早上5：30起床，10分钟穿衣洗漱，5分钟出门，40分钟跑步锻炼，20分钟吃早饭。

　　上午：7：00—8：00一小时晨读；8：00—9：00背诵语文优秀作文一篇；9：00—12：00数学、英语小测试。

　　下午：2：00—6：00其他科目测试。

　　晚上：8：00-9：30课外阅读。30分钟洗漱，10：00睡觉。"

　　当李佳航晨跑回来，向楠才从一连串的信息轰炸中回过神来，他问了一句："这就是你说的自律！"

　　"没错，这就是我的学习秘籍。怎么样，现在你懂了，可你能做到吗？"

　　"不会吧，这么严格的时间表，你真能每天坚持，我才不信！"

　　为了检验李佳航话里的真实性，向楠在李家借住了一星期，最后发现他真是枉做小人了。每天早上当他睡到醒，李佳航已经在书桌前学习两小时了。每天晚上，当他用打游戏来诱惑李佳航时，李佳航却对他说："戴上耳机，别

憨得佳，
就不会，
憨不住就不局

妨碍我看书！"

当他不解地向李佳航问出："有必要吗，现在是放假，你这么自律，老师又看不见！"

李佳航反问他："如果要老师看见才学习的话，那叫作秀，不叫自律！"

这句话，让向楠想起在网上看到的一句话："那些在别人看不见的地方也自律的人，真的连老天爷都不忍辜负。请相信：在暗处执着生长，终有一日馥郁传香。"

向楠万万没想到，这些只可能在杰出人物身上才存在的品质，竟然也会出现在自己的同龄人身上。

是啊，没有人天生优秀，每一个杰出人物在"馥郁传香"之前，不都是在黑暗里经过了深深扎根的漫长等待吗？

向楠回到家，拿出平板电脑，注销了自己的游戏账号，并卸载了游戏软件。从此刻起，他决心修炼"自律"这门学习神功！

> 学习不是为了别人，而是你自己

你连手机都控制不了，拿什么控制你的人生？

悦 禾

> 低级的欲望，放纵即可获得。高级的欲望，克制才能得到。

考上高中的那一天，爸爸给我奖励了一部手机，那是我人生中的第一部手机，别提有多开心了。因为是第一部手机，我对于手机里的各种软件都非常好奇。拿到手机的时候，我把同学们经常用的软件都下了一遍。

那个时候，我还特别喜欢看小说，在没有手机之前，我都是去书店购买书籍，或者借朋友的小说阅读。有了手机后，仿佛打开了新世界的大门，我拥有看不完的小说。

每一次在小说软件里搜索到一本心仪已久的小说时，内心就像有一只欢快的小鸟在雀跃。指尖轻轻滑动屏幕，文字如涓涓细流般映入眼帘，那种兴奋与满足难以言表。

以前捧着纸质书阅读时，总是受到时间和空间的限制，而现在，只要手机在身边，无论是课间休息的10分钟，还是躺在床上准备入睡之前，都能随时沉浸在小说的世界里。这种自由支配阅读时间的感觉，让我像是一个拥有无尽宝藏的探险家，满心都是新奇与快乐。

那段时间里，我的世界都被小说填满了。当别人已经进入梦乡，我还邀游在小说的世界里；当别人努力赶作业，我依然沉浸在小说的世界中。

由于长时间地熬夜看小说，我的精神状态变得很差，上课经常打瞌睡，老师上课讲的重点一点都没有听进去，为了留出更多的时间追小说，作业也没有认真完成，只是随便写写应付老师。

久而久之，我的成绩下滑越来越严重，以前引以为傲的数学成绩，从130分及以上降到了刚刚及格。父母询问原因，我就说因为高中的知识有点难，我学不会。父母也没有想太多，只是觉得可能刚进入高中，我还没有适应高中的学习强度，安慰我不要焦虑。

但纸终究包不住火，在一次自习课上，我偷偷拿出手机来追小说，被从后门进来的班主任抓住了。班主任很生气，然后把我的手机收走了，并告诉我，如果想要拿回手机，让父母来找她。

回到家后，我不敢告诉父母原因，只是假装若无其事地做着作业。可是心里却像揣了只兔子，七上八下的。吃饭的时候，父母看出了我的异样，他们关切地问我是不是在学校发生了什么事。我支支吾吾地回答说没有，然后匆匆扒了几口饭就回房间了。

当天晚上，我躺在床上，翻来翻去，就是睡不着。我在想，我的小说今晚更新到哪里了，女主被男主救了吗，他们最后在一起了没有……越想，我越睡不着。

第二天，我编了一个理由，想让爸爸去找班主任拿回手机，爸爸好像相信了我说的话，答应下午帮我去找班主任聊聊。可是，爸爸从班主任办公室出来后，整个人的脸色变得很差，他也没有多说什么，只是告诉我，下课后回家，有事情和我聊。

那天下午，我的心情很忐忑，爸爸会和我聊什么呢？会直接把我的手机收走吗？终于熬到放学，我怀着极度不安的心情慢慢走回家。在回去的路上，

> 学习不是为了别人，而是你自己

我不断在脑海中预演着各种可能的场景，每一种都让我感到害怕。我害怕爸爸严厉地斥责，害怕他那充满失望的眼神，甚至害怕看到他一言不发的沉默。

我站在家门口，却始终不敢拿出钥匙打开门。妈妈似乎发现我回来了，打开了门，我看到爸爸坐在沙发上，茶几上放着我的手机。我背着书包，站在门口，不敢走进来。

爸爸抬头看了我一眼，眼里满是复杂的情绪，有失望，有生气，还有一丝难以察觉的痛心。他沉默了一会儿，然后缓缓地说："过来坐下吧。"我像个做错事的小孩，低着头慢慢地走到爸爸的身边。

爸爸深吸了一口气，说道："今天我去见了你的班主任，她把所有的事情都告诉我了。我真的很失望，不是因为你看小说这件事，而是你对我们的欺骗。你成绩下滑，我们以为你只是不适应高中的学习，还一直在安慰你，鼓励你，可你呢？"说到这里，爸爸的声音有些哽咽。

我不知道说什么来为自己辩解，嘴巴张了又张，还是说不出一句话。我知道，上次成绩下滑严重，爸爸就开始为我找补习老师，希望我把成绩提上来。爸爸工资不高，为了帮我找到好的补习老师，他下班后又去送外卖，希望可以多赚钱。想到这里，我的眼泪在眼眶里打转。

"你知道吗？给你买手机，是希望帮助你学习的，而不是让你沉迷小说，荒废学业的。"爸爸拿起茶几上的手机，在我眼前晃了晃。

我突然忍不住，哭了出来，妈妈赶紧跑过来安慰我说："我们不是反对你玩手机，只是希望你学会劳逸结合，而不是沉迷于手机。"

爸爸拿起茶几上的手机，告诉我："手机我先替你保管。"

我还想说服爸爸不要把手机收走，但是看到爸爸的表情，到嘴边的话，我一句也说不出口。

那段时间，邻居姐姐大学放暑假回家了，我当时和她关系很好，所以听

憨得住抗不久，憨不住抗不局

到她回家，就跑去找她玩，和她吐槽了爸爸把我手机收走的事情。

原以为姐姐会为我打抱不平，但是姐姐却告诉我："叔叔做得没错，收走也是为了你好。手机就是双刃剑，用得好可以帮助你，用得不好只会害了你。"

我有些不服气地说："我看小说也可以增长知识啊，并且我也是在课余时间看的。"

姐姐笑了笑，摸着我的头说："你那是课余时间看吗？都已经严重影响到你的学习了，你自己说说，你成绩下降多少了？"我被姐姐问得羞愧地低下了头。

姐姐告诉我，其实她高中的时候也非常喜欢看小说，一个星期看完2本小说都不稀奇。但是她会把握看小说的度，等作业全部做完了才会打开手机看小说，并且也从不熬夜看。手机对于她来说，只是一个工具。

我当时好奇地问她："你是怎么克制自己玩手机的？"

姐姐耐心地回答道："一个人的自控能力是非常重要的。手机看似只是一个小小的物件，但它却能反映出你对自己的掌控力。你连手机都控制不了，拿什么控制你的人生呢？"

我觉得姐姐有点小题大做了，控制手机的能力，怎么可能看出我控制人生的能力呢？

随后姐姐又补充道："如果你现在不能学会控制自己不去过度沉迷于手机里的小说，那以后在面对更多的诱惑、更大的挑战时，你又该如何应对呢？"

人生道路上，我们总会遇到各种各样的诱惑，如果我们任由自己被这些诱惑牵着走，就会偏离自己原本的轨道。

我听了姐姐的话，心中猛地一震。我从未想过，控制手机这件小事，竟然与掌控自己的人生有着如此紧密的联系。

> 学习不是为了别人，而是你自己

当晚，我找到爸爸，告诉他我以后不会沉迷手机了，我会努力把自己落下的功课补上。

我也做到了。

有时候，低级的欲望，放纵即可获得。高级的欲望，克制才能得到。

低级的欲望确实可以通过放纵轻易获得，但这种短暂的快乐往往会带来长久的痛苦。而只有学会克制自己的欲望，追求高级的目标，我们才能在人生的道路上走得更远，收获更美好的未来。

陆

所有幸运,
都是努力埋下的伏笔

> 学习不是为了别人，而是你自己

当你考上了大学意味着什么？

风莽乔

世上没有白费的努力，也没有碰巧的成功。

不知道为什么，拿到心仪大学的录取通知书后，即将奔赴万里外的城市，我的内心却没有过多离别的伤感，而是充斥着可以到远方看看的喜悦。

此前的人生中，我好像一直是那个别人眼中"懂事"的小孩，按照既定的轨道前行：在学校里，好好学习，从不旷课；在家里，帮父母做些家务，生活的范围就局限在老家那一方天地里。

这次远行，是我"蓄谋已久"的出走，也是我人生中第一次冒险。填志愿时，我就在心里偷偷想着：我一定要选离家乡远一些的大学，去一座陌生的城市开启自己的新生活，把许多一直想做却没能做的事体验一遍。

一

坐了几十个小时的火车，我终于抵达了大学所在的城市。第一次见到这座城市，我就喜欢上了它那郁郁葱葱的绿树，以及充满烟火气息的街巷。

刚开学的那段时间，我每天都在接收着外界的大量信息，无论是课堂上的专业知识，还是在与他人交谈后意识到的信息差。那时，我感觉自己置身于一个新世界，无时无刻不在感受着外界给自己带来的冲击。

有时，在宿舍里听着舍友们畅谈旅游计划、化妆品、演唱会等，感觉自己生活在另一个世界中，一个只有学习的世界。我一时被外界的五彩斑斓迷花了眼，不知道自己的大学生活该怎么度过，是要把更多时间花在学业上，还是多去体验生活的另一面。

大学同学曾约我一起去旅游，她激动地说："要一起去武汉旅游吗？"我内心蠢蠢欲动，却还是摇摇头回绝了。那一刻，我突然发现了自己经济上的窘迫，与她家境上的差异。

我渐渐意识到，原来优秀的人、家境优越的人比比皆是，同专业的同学大多是之前学校的佼佼者，曾拿到过各种奖杯、去过许多城市，甚至出国旅游过，他们过的生活很像影视剧里才会出现的情节，而自己与他们相比，似乎毫不起眼。

在这巨大的落差面前，我感到一种无以名状的失落。

刚上大学的前几个月，我浑浑噩噩地过着，无论是枯燥难懂的专业知识，从未用过的电脑软件，还是家境迥异的同学，都让我不知道该如何面对。上大学前斗志满满的我，一下丧失了学习的欲望、上进的念头，只想着得过且过，能顺利毕业就好。

二

有一天，我走在树影斑驳的校园中，偶遇了曾和自己读同一所高中的朋友，和她聊起了大学生活。

我好奇地问："你最近过得怎么样呀？"

她说："我最近超级忙的，我学的这个专业学习强度挺大，我还和几个同学组队参加了竞赛。"

聊着聊着，她又说起自己加入了社团，交到了一些朋友。我点点头："真棒，感觉你的大学生活好丰富。"

学习不是为了别人，而是你自己

她的大学生活和我截然相反，仿佛我们待的不是同一所大学。在她的大学生活里，有志同道合的朋友，有竞争激烈的竞赛，有干货满满的课程……

成长真的往往就在一刹那。和她聊完后，我忽然意识到，原来大家都在忙着努力，忙着成长，有各自的烦恼和难题。我完全没必要与他人比较，被他人的光芒灼伤，而是要学会欣赏他人的优秀，努力成为更好的自己，探索自己的人生地图。

于是，我试着沉下心来过好自己的生活。

上课时，我专注地听课、做笔记，找老师答疑，向身边优秀的同学请教。课后，就到学校的图书馆里，借阅专业相关书籍，恶补落下的知识，偶尔也会看看其他类型的书，拓宽自己的视野。

看着图书馆浩如烟海的书籍，漫步在书海中，我的内心有一种前所未有的平静，意识到知识世界的辽阔。

之后的日子里，我鼓起勇气加入社团，参加了一些志愿活动，看见了世界的另一面，看见了山区孩子受教育的困难，对世界的参差有了更深的认识。我也试着打破学习舒适圈，果断答应了朋友发出的参加竞赛的邀约，合作中偶尔也有摩擦和冲突，但更多的是收获和成长，无论是学习上还是与人沟通上。

三

时间一页页翻过，我的生活也不再一团乱麻，而是按我喜欢的节奏流动着。

渐渐地，我的学业好了起来，我也结交到了与自己志趣相投的二三知己。更重要的是，我找到了自己的热爱所在，看见了更为广阔的世界。

很喜欢一句话："世上没有白费的努力，也没有碰巧的成功。"

刚进入大学时，我是忐忑不安的，因为要一个人面对许多未知；我是自怨自艾的，因为突如其来的落差。庆幸的是，在跌跌撞撞中，我找到了开启自

> 所有幸运，
> 都是努力
> 埋下的伏笔

己大学生活的钥匙，不再羡慕他人的光芒，而是努力让自己成为光芒。

  对我来说，考上大学，意味着可以见天地辽阔，可以自由书写自己的剧本，可以见识到有别于故乡的另一个世界，不再被困在单一的人生轨道上，被困在无法改变的过往中。

  在这个新世界里，我可以真实地成为自己，不被家乡的规训所束缚；可以与来自五湖四海的人们产生羁绊，感受百态的人生；可以不断吸收外界的养分，慢慢成为不被风雨撼动的大树。

> 学习不是为了别人，而是你自己

为什么要读大学

程昌雄

学历保证了你的下限，虽然不能保证你一定能成为富翁，但一定能保证你不用靠着汗水来讨生活。鸟随鸾凤飞腾远，人伴贤良品自高。近朱者赤，近墨者黑。你进什么样的学校，就会认识什么样的人，未来就可能成为什么样的人。

最宜人的莫过于浅秋，天空澄净，金色的阳光倾泻而下，大半都在学校的主道上流动荡漾，流到了路旁的石椅下，小部分漏过头顶的梧桐，一点两点溅落在身上。秋风微凉，起初还觉得舒服，坐久了便感觉有股寒意。

"我带你去科技楼那边转转，日头移走了，有点冷哈。"我对河南说道。

"远吗？现在开车开习惯了，懒得走路。"河南一直在回着信息，似乎很忙的样子。

"怎么懒成这样，我们有阵子没见了，陪我走走，等下带你去我们学校的食堂吃午饭。"

河南将手中的手机熄了屏，笑着对我说："你都这样说了，再远也都陪你走。"

河南不是他的外号，是他的名字，他跟河南省也没任何关系。六年级他转学来到我们班，我对他的名字十分好奇，问道："李河南，你是河南人吗？"这个问题是我们友谊的开始，直至他高一辍学，我们都在一个班。他保护胆小

> 所有幸运，都是努力埋下的伏笔

的我不受欺负，我给他写作业，考试传纸条，我们四年来形影不离，犹如兄弟。我以为跟河南有说不完的话题，可以做一辈子朋友。以前的确是这样，但现在好像有些不同了，我苦苦思索，却找不到原因。

"当年选择辍学，后悔吗？"我问道。

河南笑了笑说："有啥好后悔的，读书不就是为了挣钱吗？既然我能早点挣到钱，还待在学校学那些没用的知识干吗。"他一边说，一边习惯性地转动着手上的车钥匙。

河南的父亲早年开了个小工厂，是做西瓜子的，虽说是个不起眼的小产业，但竞争少，收益可观，一年纯利润有六七十万元。他辍学后，慢慢接手了工厂，并娶了一个很漂亮的妻子，令许多同学羡慕不已。

他继续说道："再说了，读了一个好大学，不一定有我挣得多。你看现在多少大学生，毕业即失业，找到工作了也就是三四千一个月，重点大学毕业的，毕业十年收入有五十万就算不错了。"河南的语气满是自豪。

我没有接话，只是环顾了校园。这座有着近百年历史的学校，满目沧桑，许多教学楼都留下了岁月的痕迹，它们低矮破旧，有些墙壁甚至爬满了绿藤。高墙之外，环绕着充满现代化的商业中心，将学校衬得更加老旧寒酸。

学子们与其命运相仿，走出校园的那刻，便要经历社会的磨砺。不知从何时开始，金钱成了检验成功的唯一标准，以致曾经神圣的知识殿堂，也成了找好工作挣钱的跳板。找不到好工作挣不到钱，等于大学白读。

我似乎无法反驳河南，因为我们这一代人，几乎都是在这种思想灌输下长大的。可这真的就是读大学的意义吗？

中午坐在食堂，河南说着他在社会闯荡的见闻，话题一直离不开吃喝玩乐。我以前挺爱听他聊这些的，可如今却失去了兴趣。我试着和他讲一些学校的事情，讲我加入了文学社，喜欢读路遥和余华的小说，可河南好像永远只有

> 学习不是为了别人，而是你自己

那句话："那有什么用……"那一刻我已经意识到，从他高一辍学起，我们的人生就向着两个方向，越来越远了。

正月里，我们几个要好的高中同学约着聚会，河南也来了。饭桌上我们聊个不停，从中学时光聊到大学人生，起初河南还兴致勃勃同我们一起回忆从前，可到后面我们聊起自己的专业，聊起我们学校厉害的导师及其贡献时，河南开始哈欠连天，催促我们赶紧结束去玩几圈麻将。当听到我们不会打麻将扑克时，他撇了撇嘴，开始在通讯录上约人凑一桌，然后跟我们打了个招呼匆匆离开了。

再次与河南相见，已经是大四上学期末，我全身心投入到了考研当中，他打来电话，说想找我喝酒。电话中他的语气有些低落，我没忍心拒绝，怕备考进度受影响，我约了河南来我宿舍喝酒聊天。

南方的深秋，如同已经入冬一般，寒风刺骨阴冷，从校门口到宿舍的路上，铺满了黄色褐色的落叶。河南胡子拉碴，面容憔悴，裹着一件黑色的羽绒服，好像很久没有洗过。路上他没有开口，我也没有询问，一直到了寝室，他才缓缓吐出了藏在心里的事。

因为这几年产业经济变化很快，河南经营的那家小工厂已经跟不上时代。他想着与朋友合伙开公司转型，可他所谓的朋友，大多沉迷在娱乐上面，根本不懂公司的运营和管理，最后公司倒闭时，河南还被摆了一道，成了公司法人，在收拾着烂摊子。以前对他言听计从的妻子，现在天天和他吵架；曾经奉承他的老丈人，也开始对他冷嘲热讽。现在他已经和妻子离了婚。如今河南靠着在工地上做工养活自己和孩子，生活可谓一团糟，他感觉很迷茫，不知道以后该怎么走。

听他说完，我很想告诉他"你不读大学应该后悔"，但终究没忍心说出口。迷茫是对的，每个人都会迷茫，我也曾迷茫过，不知道自己能做什么、该做什么。迷茫出现的时刻，就在刚上大学与河南交谈时，他那句"读了一个好

> 所有幸运，
> 都是努力
> 埋下的伏笔

大学，不一定有我挣得多"让我开始怀疑自己十二年的努力。可如今我已不再迷茫，也庆幸拥有四年大学时光。

世界是混沌的，人生来也是混沌的，我们看不清自己，看不清世界，所以会迷茫。有位作家曾说："在大学我们开始形成自己的原则和三观，会明白世界上有很多优秀的人，你开始有了靠近他们的动力，读书不是为了拿文凭发财，而是为了成为一个会思考的人。"

而且学历保证了你的下限，虽然不能保证你一定能成为富翁，但一定能保证你不用靠着汗水来讨生活。鸟随鸾凤飞腾远，人伴贤良品自高。近朱者赤，近墨者黑。你进什么样的学校，就会认识什么样的人，未来就可能成为什么样的人。

为什么一定要读大学？与之同名的儒家经典《大学》已经告诉了我们答案：格物、致知、诚意、正心、修身、齐家、治国、平天下。

有人读大学生起了为中华之崛起而读书的抱负，可谓是"治国平天下"；有人为科研学术奉献一生，可谓格物致知。如今生逢盛世，无须我们怀着家国天下的远大抱负，或许我们能力有限，所读的大学无法去实现格物致知。可无论大学好与坏，至少都能让我们学会"诚意、正心、修身、齐家"。

大学不在于校园本身，而在于里面的人。他们不会赋予我们财富，但会赋予我们思维方式和智慧，助我们认识自己，成为更优秀的人。无论今后的人生顺与逆，我们都有勇气和能力去坦然面对。

这些话我想说却无法对河南言说，因为来不及了。我拍了拍河南的肩膀，起身走到宿舍的阳台，那些低矮破旧的教学楼，在金色的阳光下散发着神圣的光泽。在这片光泽之下，来往的师生抱着书本，闲庭信步，神色从容。光泽从他们身上不断扩散，照射到了那片充满现代科技的商业中心，照射到了繁荣昌盛的华夏。

> 学习不是为了别人，而是你自己

总有人会赢，那为什么不能是我

韩晓薇

你做了那么多题，熬了那么多夜，考了各种各样的试，顶着无数的压力，你不应该成为一个普通人。

直到那天被叫上讲台，书写唯有自己会做的题时，我才逐渐意识到，讲台原来也可以是一个人熠熠生辉的地方。

作为女孩，我在家中一直是不被关注的那一个。父亲重男轻女，将弟弟视为全家的希望，母亲虽然对我很慈爱，但却对父亲言听计从，所以，即使父亲对我有失偏颇，她也总是一味地包容、忍让。

无数个日夜，我都幻想着父亲能突然改变，看到我这个女儿的存在。然而，对于我来说，这一切不过是奢望。为了博得父亲的关注，曾经的我乖巧听话，百般讨好，甚至包揽下所有家务，可就算这样，也换不来父亲的一眼回眸。反观弟弟，哪怕是一次简单的问候，都能获得父母的认可和夸奖。

"明明是一个爹妈生的孩子，可为什么却有如此大的差别？"我看不懂，也看不透父母的想法，原生家庭的痛裹挟得我无法呼吸，让我无力逃脱。

可只要是孩子，都需要父母的认可和关爱。为了反抗父亲，我越发放纵自己，翘课、玩游戏几乎成了家常便饭。

就这样，到了高二，我变成了名副其实的坏学生。班主任眼神中透露着"恨铁不成钢"的无奈，他在家长会上对我母亲说："再不管管，你们家孩子就

> 所有幸运，都是努力埋下的伏笔

要废了。"

回到家，母亲苦口婆心地规劝道："我知道你在和你爸较劲，但不管怎样，也不能误了自己的前途呀。"随后她又问了句："你还想不想上学了？"

那一刻，我依然无动于衷，只是低头默默地玩着手机。

面对我的"不上进"，向来软弱的母亲一下子怒了，她抬起手狠狠揍了我一顿。我当然不服气，难听的话也跟着脱口而出："在你们眼中，不是只有弟弟吗？还管我干什么？"

这些话犹如一把利剑，刺破了我心头积压多年的阴霾，同时也刺破了母亲的心。

母亲惊诧不已，似乎要说些什么，却欲言又止，最后只留了句："你本来是能考上一所好大学的。"

之后，母亲就病了。起初，我以为是被我气的，直到看见母亲愈来愈瘦的脸庞和藏在抽屉底的病历本，我才意识到自己的报复心理有多愚蠢。

夜深人静的时候，我躺在床上，眼泪忍不住往下流。我不敢想象，如果母亲病得很严重，我该怎么办。那一刻，我心如刀绞，同时也感受到了前所未有的恐慌。

我突然意识到，自己与父母的对抗毫无意义，如果继续这样下去，我可能真的就废了。想清楚以后，我决定调整心态，不再让原生家庭的桎梏束缚自己，而是把它当作改变的动力。

第二天，学校开班会，主题是关于要考取的目标学校。当我说出心仪大学的时候，全班鸦雀无声，紧接着便是哄堂大笑，有的同学还小声说："就她，也想考大学，考个家里蹲吧。"

要知道，自从上高中，我就一直是班里的"吊车尾"，难怪同学们会看不起我。但这一次，不管他们怎样嘲讽，我都下定了决心，于是，我攥紧拳头，

学习不是为了别人，而是你自己

大声说道："不管你们怎么笑话，我相信我一定能考上。"

虽然立下了豪言壮语，但对提升自己的成绩，我还很迷茫。刚开始，我决定按照自己的节奏来，从月考中查漏补缺，结果发现逆袭难度不亚于女娲补天。后来，我干脆从头开始，一点一点地攻克。那时候，我是这么想的："学习中不和别人比，只和自己比，循序渐进，进行针对性练习，不断突破舒适区。"

这种感觉就像升级打怪一样，慢慢地，我也找到了学习的兴趣。可毕竟底子差，所以即使我拼尽了全力，有几次考试成绩依然不理想。逆袭实在太痛苦了，有那么几个瞬间，我甚至想到了放弃。

难道就这样撕碎自己的梦想吗？我又不甘心。就在这时，母亲鼓励我说："你做了那么多题，熬了那么多夜，考了各种各样的试，顶着无数的压力，你不应该成为一个普通人。别怕，成绩不理想只是暂时的，只要肯用心，我相信你一定能考上心仪的大学。"

看着母亲坚定的眼神，我瞬间又有了力量。之后的日子，我不再纠结一时的挫败，而是稳扎稳打，一步一个脚印。

呕心沥血流大汗，功到迟早成效见。一模考试中，我居然是全班唯一一个做出最后一道大题的学生。当老师让我上台书写答案的时候，我激动万分，从未想过，自己也能成为耀眼的存在，备受大家瞩目。

著名篮球运动员科比曾说过："总是有人要赢的，那为什么不能是我呢？"作为一名运动员，科比只要在比赛中，总是保持着不畏强敌，勇于挑战的心态，也正因为如此，他在篮球场上才创下了一个又一个奇迹。

学习又何尝不是如此呢？只要我们相信自己，敢于突破，就一定能挖掘出能力和潜力，开出成功的花。

一切汗水都是有效的，高考结束，我顺利拿到录取通知书，如愿考上了

> 所有幸运，
> 都是努力
> 埋下的伏笔

心仪的大学。与此同时，父亲也逐渐改变了自己的想法，对我改观不少。

　　回忆起曾经挣扎的时光，很疼，却没有遗憾，甚至于我的内心还弥漫出一种无法言说的成就感。未来的路还很长，但我相信，只要内心笃定，时刻保持一种胜者心态，任何人都能创造属于自己的舞台，挥洒绚丽多彩的人生。

学习不是为了别人，而是你自己

梦想是凌晨拿起笔的坚持

韩 榕

梦想是凌晨5点掀开被子的毫不犹豫，是6点旭日升起时的惊艳，是午夜时分笔尖在台灯下绽放的光芒。

11岁的磊娃挑着一担满满的粪，摇摇晃晃地慢慢走向家里的菜地。

母亲从茅草屋厨房走出来，看着瘦小挑着重担的儿子，低低叹息："这么瘦小的孩子，以后在这里可怎么活哦？"

似有所觉，磊娃突然停下脚步回望过来，土屋、茅屋融合的乡村屋下，站着自己瘦弱憔悴的母亲。她戴着斗笠，应是刚从家里厨房或猪圈出来，茅草屋顶漏灰，家里做饭都得戴斗笠。

母亲太苦了，小小的磊娃默默扭回头，暗想：一定要为家里多干点活，一定要好好读书，将来争取考个好学校，有份工作。为了梦想拿起笔，努力让生活好起来。

有人说，生活哪有那么多戏剧性的境遇？可对磊娃来说，他们家的生活犹如一出编剧手下不留情的人生剧本。这灰暗的人生剧本从何时开始的呢？

磊娃的父亲是一位乡村小学教师。在磊娃的印象中，自己家里和邻居家孩子的生活不太一样。平日别的孩子的父母是下地干活，孩子们自行到学校上课。磊娃的父亲却是每天背着包匆匆赶往学校授课，小小的磊娃如同小尾巴一样，可以在父亲的陪伴下去学校上学。磊娃的父亲下班回家也要干农活，但在

> 所有幸运，
> 都是努力
> 埋下的伏笔

干农活之余，会用一手漂亮的书法亲手给磊娃制作词典。

邻居家孩子的父亲生气了，会破口大骂妻子和孩子。磊娃的父亲从不会大骂妻子和儿子，只是劝说妻子，还会引经据典给磊娃讲道理。有一次磊娃爬上主卧的桌子，打开母亲的白糖罐子，小手伸进去抓一把白糖舔得津津有味。突然父母走进屋，母亲生气，父亲却大笑一声："就是淘气！"父亲开会学习回家时，还会给磊娃带回村里少见的苹果、糖果等，让邻居孩子们眼馋不已。

有父亲的磊娃，幸福不已。有父亲在的磊娃一家，和美不已。

可是天有不测风云，谁也不知道明天会发生什么。磊娃永远记得自己8岁那年，那个人生剧本转折的阴天。村里有人家盖新房，磊娃一家跑去帮忙。那天磊娃父亲爬上屋顶，干活的男人们玩笑调侃。磊娃母亲在厨房帮着做饭，做饭的女人们说着自家孩子哈哈大笑。8岁的磊娃和孩子们钻来钻去，做游戏欢快得很。

突然盖房那边传来轰隆两声巨响，随即几个男人大喊："糟了，糟了，墙倒了！磊娃爸摔下来压到墙下面了，快点来人！"磊娃和母亲疯狂跑过去，人们刨开泥墙时，只见一根竹篱笆穿进磊娃父亲的胸膛，磊娃父亲血流不止奄奄一息。

在场的人们把磊娃父亲抬上担架，匆匆赶往医院。8岁的磊娃没有哭，一路跟着担架，如同父亲陪着自己上学一样，他也陪着父亲。

可惜还没赶到医院，父亲已经去世。突然中年丧夫的母亲嚎啕大哭，抱着儿子几度昏厥。磊娃呆呆的，到底怎么了？早上还对自己和母亲笑意连连的父亲，现在怎么冰冷地躺着一动不动了呢？很快学校领导来了，亲戚朋友也来了，各种劝慰陪伴，可是怎么能抚平突然失去至亲的痛苦呢？

磊娃父亲的葬礼上，磊娃母亲坚持尾随送葬队伍，亲眼送火化后的丈夫入土。这个纤细的女人，原本精力充沛活力满满，此时却如一朵花突然枯萎一

> 学习不是为了别人，而是你自己

般，倒下去了。丧礼上热热闹闹的人们，也渐渐散去。毕竟都有自己的生活和工作，谁也无法花更多的精力来守着这对孤儿寡母。在娘家母亲的陪伴下，磊娃母亲的状态逐渐好起来，因为老娘对她说："你倒下去了，孩子还小咋办？"

即便因为孩子撑起自己的磊娃母亲，也没想到后面生活面临的种种困境。不只是失去丈夫的痛苦，还有各种生活现实困境。在农村不种地不养猪，就没有收成，也很难生活，这对磊娃母子来说是一项挑战。丈夫去世后，磊娃母亲也遭受到来自周围部分人家的矛盾和谩骂。后来甚至还有人想给磊娃母亲介绍对象，想让磊娃母亲改嫁。和丈夫感情深厚的磊娃母亲怎么能接受呢？种种拒绝又引发各种矛盾。

后来长大后的磊娃才知道，这叫寡妇门前是非多。也知道，对有的人来说，孤儿寡母就是好欺负。一个原本令人羡慕的家庭，从此成为村里人同情的对象。

灰蒙蒙的生活，前路何在？

种种压力下，磊娃母亲患上疾病，身体变得瘦弱不堪，可是生活还得过下去。磊娃母亲咬紧牙，和儿子一起下地干活，附近也有两家人时不时给予帮助，帮着磊娃母子种地、收粮等。家里大部分收入，母亲主要用于磊娃的学习，她鼓励孩子努力读书，平时自己极度省吃俭用，对孩子学习上所需却全力支持。

磊娃一直记得，自己过生日时母亲会笑盈盈地为他煮一个鸡蛋。可是磊娃从来没见过母亲为她自己的生日做什么，哪怕鸡蛋水的影子都没有，可是她却舍得背上肉和糖果，去向帮助磊娃学习的人们表达感谢。

母亲告诉磊娃，知识改变命运，知识增长见识，心中有梦想就要努力实现。母亲还告诉磊娃，现在帮助过我们的人，都要记在心里。善意珍贵，以后有机会要记得回报。小小的磊娃铭记于心，虽然没向母亲表达什么，却用行动来努力点亮自己的命运之灯,争取着未来改变命运、回报善良的机会。

平日凌晨天未亮,磊娃会早早起床协助母亲做喂猪等繁多的农活,干完农活摸黑匆匆赶往学校。在学校教室凌晨的微光中,总是端坐着磊娃奋笔疾书的身影。放学后,有的同学轻松自在地边玩边慢悠悠回家,磊娃却背起书包匆匆往家里赶,放学回家后照样协助母亲干农活。假日凌晨天未亮,磊娃会更早起床,晨学练题,待母亲起床后,和母亲一起下地干活。

磊娃也不明白,为何家里总是有那么多干不完的活?疑惑归疑惑,却不影响磊娃做农活的干劲。往往干完农活,才是磊娃静心学习的时间。他很累,但是他不怪母亲。因为母亲更累更苦,拖着病体、听着谩骂苦苦支撑着这个家。

也许是遗传了父亲的善学基因,或者是磊娃的学习方法正确,在学习条件如此困难的情况下,磊娃始终保持年级第一的成绩。这让他母亲非常欣慰,母亲念叨着儿子:"我一直担心,你要是一直在这里生活怎么办哦!家里穷,环境又糟,你又瘦小,下地干活都要强壮的人。还好你肯学习会读书,要是和你爸爸一样有一份稳定的工作我就放心了。"

老师同学和村里人的赞誉扑面而来,"啧啧啧,磊娃读书好厉害哦!怕以后不得了,要考好大学哦。磊妈算是苦尽甘来了,不容易"。

梦想是凌晨拿起笔的坚持,磊娃听到赞誉后默默地想。梦想是凌晨5点掀开被子的毫不犹豫,是6点旭日升起时的惊艳,是午夜时分笔尖在台灯下绽放的光芒。灰蒙蒙的生活,唯有拿起笔好好读书,才能点亮梦想之路!磊娃轻拍着母亲,坚定地告诉自己:"拿起笔好好读书,改变自己和母亲的境遇。拿起笔坚持梦想,回报善良的人;拿起笔努力向上,将来为社会贡献自己的力量。"几年寒暑交替,几年凌晨微光,再无父亲陪伴的身影。孤独瘦小的磊娃,却因为坚持凌晨执笔学习的信念越发昂首坚挺。

靠着"坚持执笔学习"的信念,磊娃在梦想之路上一路高歌猛进,顺利考

> 学习不是为了别人,而是你自己

上大学,毕业后拥有一份稳定的工作。他考上大学那年,苦苦支撑的母亲因病去世,可是她离开人世时很欣慰:"儿子终于考上大学了!"

多年后,磊娃已成家立业,在城市里工作稳定,家庭幸福。每年清明节,他都会和妻子孩子回到家乡,祭拜一生辛苦不易的父亲与母亲。他默默地告慰父母:"爸爸妈妈,我现在很好。读书点亮了我灰暗的命运之灯,我没有辜负两老的期望。爸爸妈妈,安息吧。"

所有幸运，都是努力埋下的伏笔

读书才是最廉价的高贵

张桂花

读书，是世界上成本最低的升值方式之一。

"爸妈，我不想上学了！这是退学申请，你们签一下字吧。"拿着不理想的月考成绩单和一堆治疗甲亢的药物，我心灰意冷地对父母说道。

2018年，我被确诊为甲亢。正值高三的我不仅要面对沉重的学业，还要忍受病痛的折磨。住院治疗一个月后，我急匆匆赶回学校，但落下的课程让我步履维艰，成绩直线下滑。甲亢的症状加剧，我的身体愈发虚弱，稍微吃一点刺激的食物都会引发不适。我觉得自己再也撑不下去了。

"与其坚持，不如退学打工。"我想着，也正在这时，我接到了初中同学小丽的电话，她告诉我现在她在美容院做美容技师，月入五六千，日子过得潇洒又高贵。这让我很心动，于是决心退学去找一份"高薪"的工作，给家庭减轻负担。

当我把退学申请摆在父母面前时，心里充满了焦虑与不安。父母先是沉默，父亲的脸色阴沉，母亲的眼里闪过一丝痛苦的犹豫。他们当然不希望我退学，但我当时坚信自己作出了正确的选择。成绩一落千丈，甲亢病痛折磨着我的身体与心情，我几乎看不到继续上学的希望。那些焦虑与痛苦像压在胸口的巨石，让我无法喘息。我咬着牙，固执地认为，退学去工作是我唯一的出路，早点赚钱可以为家庭减轻负担。

学习不是为了别人，而是你自己

母亲轻轻地说："还有几个月就高考了，退学了，难道就真的比现在好吗？"父亲本来想骂我，但看着我苍白的脸色，他把拳头砸在了门框上，没再说一句重话。尽管他们百般劝说，但我的心意已决。于是，我带着行李，离开了学校，头也不回地走向了那条我以为是"捷径"的路，幻想着自己能早日过上像小丽那样的美好生活：穿着光鲜亮丽的衣服，轻松赚取高薪，活得潇洒自在。

然而，现实的残酷远远超出了我的预料。进入美容院的第一天，幻想的泡沫就被戳破了。我以为自己会过上高薪体面的生活，但作为美容助理，我只是最底层的劳动力。住在拥挤、昏暗的地下室，床铺散发着发霉的气味，白天要面对枯燥重复的工作，晚上却无法好好休息。夜晚，几个值夜班的同事会在昏暗的灯光下走动，床铺发出的"咔嚓咔嚓"声让我彻夜难眠。

吃饭条件更是让我痛苦不堪。每天的伙食只有一菜一汤，几乎看不到一点肉星。作为新手的我，工作时间长，做的却全是最琐碎、最辛苦的活：拖地、擦玻璃、倒垃圾。这和我想象中的"高贵"生活完全相反。我开始怀疑自己做的决定是否正确。

更让我绝望的是，我发现小丽根本不是出于好心推荐我这份工作的。一次倒垃圾时，我无意中听到她和培训老师说话，原来她介绍我来美容院是为了赚那800元的介绍费，而我不过是她的"业绩"而已。我简直不敢相信自己的耳朵，那个我以为是"朋友"的小丽，竟然为了这么一点利益出卖了我。

发现真相的那一刻，我彻底崩溃了，泪水不停地流，心中满是悔恨。我回想起曾经无数个在课桌前埋头学习的夜晚，尽管甲亢让我备受折磨，至少那时我心里还有一个梦——高考，大学，未来。而现在，那个梦似乎遥不可及。我深深后悔自己当初的冲动，辞去了唯一通向未来的机会，却陷入了一个深不见底的泥潭。

> 所有幸运，
> 却是努力
> 埋下的伏笔

绝望的夜晚，我拖着疲惫的身躯，拿起电话，泣不成声地给父母打了电话："爸爸，妈妈，我后悔了，我真的后悔了！我想回去读书，我不想再这样下去了。"电话那头，母亲沉默了片刻，然后轻轻地说："我们一直在等你这句话。"原来，父母根本没有办理我的退学手续，而是给我请了一个月的病假。为了防止我一时冲动做出无法挽回的决定，他们给我留了一条后路。

第二天，在父母的陪同下，我带着满心的忐忑回到了校园。站在班主任办公室门口，我紧张得几乎不敢迈进那扇熟悉的大门。回想起离校的那一刻，我满怀着对未来的幻想，而现在，心中却充满了愧疚和后悔。我一直低着头，生怕看见班主任的眼神，害怕那眼神里透出的失望和责备。

母亲轻轻拍了拍我的肩膀，示意我进去。我走了进去，坐在办公室里的班主任抬起头，看见了我。他没有任何的怒气，只是轻轻叹了口气，随即站起身来，示意我坐下。那一刻，眼泪像开了闸的洪水，不由自主地涌出。我哽咽着，艰难地说："老师，对不起，我让您失望了。"

班主任静静地听着，等我情绪稍微平复后，他轻声说道："孩子，不要轻易放弃读书的机会。"他语气温和，却带着一种深入人心的力量。"你知道吗，人这一辈子，最廉价的高贵就是读书。你可以没有钱、没有背景，但只要你有知识，有思考的能力，就能拥有改变命运的机会。"

他顿了顿，看着我继续说道："生活会有很多条路摆在你面前，但如果你一心想着走捷径，反而会陷入更深的泥潭。你觉得退学去打工是一条捷径，结果呢？你遇到了现实的残酷，体会到了生活的艰难，但这未必是坏事，至少它让你明白了一个道理——没有哪一条路是可以轻松成功的。读书虽然不容易，但它是一条稳妥的路，一条通向未来的路。"

我默默点头，泪水模糊了视线，心中翻涌着悔恨和感激。班主任没有继续说教，他只是轻轻地拍了拍我的肩膀，像是一个慈祥的长辈在安慰受伤的孩子。他递给我一杯水,然后说:"孩子,未来还在你手里。病假手续已经办好了,你不用着急,只要好好调养身体,随时可以回到教室。"

回到家后,我躺在床上,望着天花板,心中突然生出一种强烈的渴望:我不想再逃避了,不想再给自己找借口了。我已经见识过了社会的冰冷和现实的无情,知道了生活的艰辛和残酷。我终于恍悟:读书,是世界上成本最低的升值方式之一。现在,我只想重新拾起书本,为自己的未来拼一次。

接下来的日子,我不仅要和病魔斗争,更要与自己内心的软弱搏斗。甲亢让我情绪波动极大,身体也十分虚弱,稍一用力就感觉头晕目眩。但我不敢懈怠,咬紧牙关,坚持着每一天的学习。每次身体稍有好转,我都会趁机抓住时间做题、复习、记笔记。尽管疲惫,但我从未放弃。

就这样,时间一天天过去,距离高考的日子越来越近。我把所有的精力都投入到学习中,不断挑战自己的极限。尽管甲亢让我时不时地感到无力,但我凭着一股不服输的劲头,咬牙坚持了下来。终于,高考来临了。那段时间,虽然我的身体状况不佳,但我在考场上尽力发挥出了自己的最高水平。

考试结束后,我如释重负。无论结果如何,我都已经为自己拼尽了全力。几周后,录取通知书终于寄到了家里,我考上了一所普通的本科。虽然不是顶尖的学府,但对我来说,这已是一份无比珍贵的礼物。这意味着,我战胜了自己,战胜了那段艰难的岁月。

大学生活让我更加明白,读书的价值远不止于分数,它是一种内在的力量,是面对困境时坚守的信念。如今,我成为一名初中英语老师,我常常把自己的经历分享给那些想要放弃的学生。每当看到他们眼中闪烁的迷茫,我会告诉他们:"困难不可怕,真正可怕的是你轻易放弃。生活最大的幸运,是你的努力,而读书,正在给你一个改变命运的机会。"

这份信念,支撑着我走到了今天。

苦等果实，不如趁早埋下种子

高雪艳

我们最讨厌的就是等，等雨停，等红绿灯，等排队轮到自己。但我们又好像很喜欢等，等将来，等有时间，等变优秀。我们总固执地相信等待就一定能够变好，可后来等没了选择，等来了遗憾，任何事物都有保质期，所有的热情都在等待中消失殆尽。所以不要等明天、等以后，有想追的梦，现在就去追。

时间不会因为我们的等待而停留，梦想不会因为我们的迟疑而自动实现。我们需要明白，越早播下梦想的种子，越早开始努力，才越有机会收获丰硕的果实。与其苦苦等待，不如趁现在行动，为未来埋下希望的种子。

一

从前，有一个农夫住在一个安静的小村庄里，日子虽平淡无奇，但他对未来总怀着美好的期待。一天，他到邻村赶集，听到村民们在热烈地讨论一种神奇的果树。这种果树不仅结出的果实香甜可口，价格也非常高昂，市面上供不应求，简直是摇钱树。但它有一个特点，就是需要整整十年才能结果。

听到这个消息，农夫心动了。他想象着十年后，自家果园里果实累累的场景，想象着自己成为村里最富有的人。于是，回到家后，农夫立刻打算种上这种果树。然而，当他真正开始准备时，又开始犹豫了。

> 学习不是为了别人，而是你自己

"十年，太久了吧？"农夫心里打鼓，"十年里会发生多少事情？我现在还很忙，等过几年，等我手头宽裕一点、事情少一些再种也不迟。"于是，他每天都对自己说："明天再种吧，反正时间还早。"日复一日，农夫不断拖延，总觉得还有机会，等条件成熟了再动手不迟。

几年过去了，农夫的日常生活依旧忙碌，但果树始终没有种下。而邻村的那些农夫，早在几年前就已经开始种植，他们每天精心照料果树，耐心等待着收获的那一天。

时间飞快，十年悄然而逝。那一年，邻村的果园里一派繁忙景象，果树上挂满了甜美的果实，果农们忙着采摘、售卖，收入日渐丰厚，生活蒸蒸日上。而当这位农夫看到邻村丰收的场景时，心中满是懊悔与失落。

"如果当年我早些种下果树，现在我也会像他们一样，过上富足的生活。"他望着自己荒芜的田地，无奈地感叹道。可是，时光不能倒流，果树未种，机会已然流逝。

生活中的机会和梦想就像那棵需要时间培育的果树，只有早早播种，才能在未来的某个时刻迎来丰硕的收获。很多时候，我们以为还有时间，便一拖再拖，等条件"更好"时再去行动。然而，等待和拖延只会让机会悄然溜走。

梦想不会自动来，需要主动种下种子，并用时间和努力去培育。试想，一个学生面对即将到来的考试，却抱着明天再复习的想法，只会让自己临近考试而焦虑，最终影响复习效果。而那些从一开始就按计划学习的人，通过持续积累，考试时自会更加从容。如果我们总是等待最好的时机和条件，那么我们就永远不会有开始。

二

曾经有一位叫小林的同学，自小心中就有一个当作家的梦想。同学们知

> 所有书连,都是努力埋下的伏笔

道后,也会好奇地问他:"你不是很喜欢写作吗?为什么不开始动笔,写点东西呢?"每次被问到这个问题,小林总是笑着摇头,回答道:"我还不够好,我还没有准备好。我需要再等等,等我水平够了,我一定会写出很棒的作品。"

于是,小林一直在等待。他认为写作是一件需要天时地利人和的事,他希望有一天,自己能够在最合适的时机,写出一部惊艳众人的作品。然而,时光如流水一般不知不觉地流逝。高中毕业后,小林选择了一份与文学无关的专业,他告诉自己:"等毕业后有更多自由时间,再来追逐梦想。"可是在大学里,他依然忙碌于各种考试、实习和社会活动,写作的梦想一次次被搁置,似乎变得越来越遥远。尽管他依然时不时告诉身边的朋友:"我还在等,只要时机成熟,我一定会开始写。"

然而,几年过去,小林的生活渐渐被工作、家庭、责任所填满,写作的念头越来越少地出现在他的脑海里。他结了婚,成了家,日子虽然平稳,却充满了对现实的妥协。他每天奔波于公司、家务和家庭责任之间,再也找不到那种写作的激情。偶尔在深夜,他会翻看年轻时的笔记本,上面零星写着一些模糊的故事构思,却始终没有完整的作品成型。

与此同时,同样热爱写作的小张,却并没有等所谓"合适的时机"。在初中的时候,小张下定决心开始写作,虽然他的文章在最初并不完美,但他依然坚持每天写作,从不间断。哪怕是在周末休息,他也会固定抽出三十分钟来记录几句话。起初,他的文章只是班级里的墙报素材,但随着时间的推移,他的写作技巧日益精进。高中时,他的文章多次在校刊发表,获得了老师和同学的称赞。

大学期间,小张更是利用课余时间投递文章,尽管他面临着繁忙的学业和社会活动,但他依然保持写作的习惯。他常说:"只要有时间,我就写。"行

学习不是为了别人，而是你自己

动派的小张没有把精力浪费在等待上，而是把每一段空闲时间都用在提升自己上。大学毕业时，小张不仅完成了自己的一部长篇小说，还得到了出版社的认可。没过多久，他的书顺利出版，并且在文学圈里崭露头角。

当小林多年后再次遇到小张时，小张已经是小有名气的作家，出版了几本畅销小说。两人坐在一起聊天，小林忍不住问道："咱们当初一样喜欢写作，还是你幸运啊，能继续走在这条路上。"

小张笑着摇摇头，说："哪有什么幸运不幸运啊！咱们当初都是一样的忙，我只是更愿意把等待化作行动而已。我一直觉得与其相信'最好的时机'，不如相信日复一日地积累！"

原来，小张从决定写作的那一刻起，就开始坚持每天都写一点，哪怕再忙也会抽出时间动笔。也正是这些看似微不足道的日常坚持，才有了如今优异的成绩。

小林这才真正明白，幸运是留给有准备的人的。真正的机会，要由自己创造。等待并不会让梦想自动实现，唯有持续地行动，才能走向成功。那些不断说"等一等"的人，最终很可能会错失所有机会。

请记住，最好的时间永远是现在。不要等待条件成熟，不要等待完美的时机。勇敢地行动，抓住每一个可以努力的瞬间，才能为未来打下坚实的基础。你现在的一切努力，都在决定你未来的高度。生活不会因为你的等待而停滞不前，梦想也不会因为你的迟疑而变得更加容易。

既然已经错过了昨天的播种，就不要再忽视当下的耕耘！

你拼的是自己的前途
和暮年的欢喜

> 学习不是为了别人，而是你自己

以前不理解父母，
　但现在很感激他们

一 介

父母苦口婆心地劝导孩子用功读书，是因为世界上最大的遗憾莫过于"我本可以"。他们不是想利用成绩来绑架你，而是为了让你成年后少一些后悔。世上没有一蹴而就的成功，只有日积月累地坚持。

"高中只有三年，你辛苦三年、拼搏三年，赚的是你自己的前程。机不可失，你要牢牢抓住啊！"

相信很多同学和我一样，耳畔时常想起父母的苦口婆心，这些我们听惯了的，甚至厌烦的话，都藏着父母的血和泪。如果不是偶然的机会，或许我还会一直误解下去，对父母的话依旧不以为然，左耳听，右耳出，总认为父母用成绩绑架我们，似乎我们只是考试机器。

我有很多困惑和不解，常与父母拌嘴，觉得外面的世界压根不像父母说的那样，我有自己的"独到见解"。

这个世界上，真正自律的人其实并不多。大多数人都被裹挟着、推动着往前走，按部就班地完成某个特定的任务。曾经的我，厌倦了这样的生活，尤其是日复一日的初高中生的学习生涯。

和大多数人一样，我被父母、老师推着学习、写作业，被动地、吃力地向上攀爬，却并不了解其中真正的含义。

故事的转折点在我高一下学期。

我跟父母出去旅行，旅行过程中，我们路过一个小县城，当时我们订好酒店，出来在街道上漫步，准备就近找个餐厅吃晚饭。

谁知刚走没几步，就有个蹬三轮车的中年男人凑过来，热情地打招呼："你们好，去哪里，我送你们过去，价格很优惠的。"

我当时惊讶万分，同时对他流露出鄙夷：都什么时代了，竟还有现代版的"骆驼祥子"，一个大男人就靠蹬三轮车养活一家人吗……

我正要出言不逊，却被父亲抢先一步："我们不需要，谢谢。"

"好。"

男人勉强笑了笑，似乎有些失望，蹬着三轮车离开了。

当我再看向父亲时，他的眼眶竟然湿润了。

那个晚上，父亲第一次和我说起他的故事。

原来爷爷也曾是我瞧不起的蹬三轮车的，父亲出生在偏远的乡下，爷爷为了给父亲一个好的学习环境，背井离乡来到当地的县城，租房子供父亲读书。只可惜爷爷除了种地什么都不会，只能出卖苦力，借钱买了一辆三轮车，蹬三轮车载客，风雨无阻，整整六年，赚的钱不多，省吃俭用，勉强维持生计。

父亲很努力，考上县城最好的高中，他知道自己没有退路，拼命学习。尽管他拼尽全力，高考成绩却只够读大专，他想放弃，爷爷却告诉他："不能放弃。我拼尽全力将你带到县城里来，虽是大专，却是一个让你更上一层楼的台阶。"

自那之后，父亲就来到了市级城市读大专，见识到了更广阔的世界，认识到了更多的人。

"说起来，我对当年高考成绩不满意，想再复读一年，可你爷爷的身体大不如从前。我放弃了，在选专业时，我没有资格选择自己喜欢的专业，而是选择了好就业的。没有考上好大学，是我一辈子的遗憾，没能读喜欢的专业，也是我的遗憾。"

父亲说出这些话时，语气中仍旧是有遗憾的。我知道父亲的梦想是当作家，他喜欢的专业是文学和心理学，这两个专业并不好就业。

"现在我们努力工作、攒钱，给你提供足够的经济基础，不想你因家庭原因而错失一个好的前程。作为父母，我们尽力了，给你提供足够的后勤保障。最重要的是，你自己要努力！"

父亲的话让我的心有了些触动。

这次旅游结束后，父母再对我唠叨，我选择了闭嘴。我知道，如果不是爷爷坚持风雨无阻地蹬三轮车赚钱，供父亲读书，父亲就没有机会踏入高等学府；如果父亲当年放弃读大专，没有在大城市苦苦坚持着，我就没有机会坐在明亮的教室里读书、学习。

他们曾在风雨中艰难跋涉过，所以甘心为我们撑起一把大伞，拼尽全力地推举我们，让我们走得更远，看得更远，过上更好的生活。而我们生活在富足的时代，面对父母的唠叨，却忘了他们曾经的辛苦付出。

我在想，我的父亲他本可以选择复读一年，考上好的大学，选择他喜欢的专业，或许他现在已经出版过几本书，或靠写文过着不错的生活。而现在的他，依旧是辛辛苦苦的打工人，他本以为能过上理想的生活，却因种种原因，依旧过着不理想的生活。这或许就是他们常常唠叨的原因，希望我们不再重蹈覆辙。

父母苦口婆心地劝导孩子用功读书，是因为世界上最大的遗憾莫过于"我本可以"。他们不是想利用成绩来绑架你，而是为了让你成年后少一些后悔。世上没有一蹴而就的成功，只有日积月累地坚持。

学习为的是自己，父母的苦口婆心为的是我们的前途以及暮年的欢喜。如果我们不为自己努力、拼搏，该是多么大的遗憾啊。世上没有后悔药，全力以赴，方能青春无悔。

> 你拼的是
> 自己的前途
> 和暮年的欢喜

一个女孩决定改写命运

金 本

当一个人踮起脚尖靠近太阳的时候,全世界都挡不住他的阳光。

下晚自习回到家,难得平时上晚班的爸爸也在家,妈妈帮我接过书包:"饿了没?快去吃点东西。"我随便吃了两口水果,这才看到爸爸铁青着脸。

正当我准备溜进房间时,爸爸突然很严肃地对我说:"小妍,晚上学习那么晚都在学什么呢?"我就知道,爸爸在家肯定是有事,难不成今天去参加家长会了?"哦,都有在学。"我怯怯地说。

妈妈拉我坐在餐桌旁,劝我再吃点水果。我哪有心思想着吃,满脑子在想怎么应对爸爸的问题。

"你是不是又在偷偷学画画?"真没想到被爸爸问了个正着。见我没说话,爸爸语气变得温柔下来:"画画不能当饭吃,你好好把文化课搞上去,考个好大学比啥都强。"

又是老生常谈的话题,自幼我就喜欢画画,对着画板我可以一天不出房间门。但是爸爸妈妈一直说画画只是兴趣爱好,主业还是要把文化课学上去。迫于压力,我整个初三都没碰过画板。

后来如愿考上高中,爸爸妈妈也早早给我规划好了。高一时把文化课好好赶赶,争取高二分科时分到文科重点班,乃至我将来考哪个大学、报考哪个专业都已提前给我做好了攻略。

学习不是为了别人，而是你自己

是的，我从小就在父母的规划下长大。报什么兴趣班，上哪个幼儿园，上哪个小学，几点起床，几点睡觉，穿什么样的衣服……在爸爸妈妈的眼中，也只有顺从他们的意愿才是乖乖女。等我上了高中才发现，同桌陈丽都是自己买自己喜欢的衣服，自己选兴趣班，甚至她说自己想考的大学是什么，完全都是自己做主，我惊讶于她的思想独立性。而我感觉上高中就是为了爸爸妈妈，考大学也是为了爸爸妈妈而考，就连我自己喜欢的画画也成为一种奢望。

说真的，我不喜欢爸爸妈妈给我早早就规划好的人生，但是从心里又觉得他们也是为我好，所以只能默默承受这份爱。不管怎么样，我喜欢画画这是为我自己，所以一有时间我就沉浸在画画的世界里，我感觉只有画画时才是真正的我自己。平时最喜欢去的地方就是画展，下个月市里要举办青少年绘画比赛，我偷偷地报了名。最近集中精力都在准备画作，所以晚上画得比较晚，白天上课没精神，文化课成绩落下不少，估计又被老师投诉到爸爸那里了。

"我只是放学后画，不影响文化课学习的。"不知道从哪里来的勇气，我弱弱地为自己辩解。"还说不影响文化课学习，上次模考倒数第十一名，你还有心思画画？"原来爸爸是为上次模考的成绩生气。"上次没发挥好，这和画画没关系。"我很想解释学习是学习，爱好是爱好，这不冲突，但是不知道为啥爸爸越来越生气。

"既然没关系，那你就把文化课考上去啊！马上分科了，你能分到文科重点班吗？不能进重点班怎么考上好大学。"爸爸的声音许久在我耳边回响，重点班、好大学，爸爸完全在乎的是成绩，根本就没考虑过我的感受。我积压已久的委屈彻底爆发了："画画是我的事儿，考不考大学也是我的事，不用你管。"

家里的气氛似乎燃爆到了极点，妈妈赶紧给爸爸使了个眼色，拽我回房间里去。我感到很委屈，那个晚上我几乎失眠了。我做了一个大胆的决定，我

> 你拼的是自己的前途和暮年的欢喜

要在市青少年绘画比赛拿到名次来证明自己。经过一段时间的鏖战，最终，我在市青少年绘画比赛拿到了二等奖，等我捧着奖杯拿到爸爸妈妈面前时，妈妈眼角里含着泪水："哎，都是一个模子里的啊。"

当我很困惑地看着妈妈时，妈妈从箱子里取出厚厚一本画册，画册里的每幅画无论是从构图，还是从线条或者颜色上来看都是非常专业，让我爱不释手。我越看越兴奋："妈，这是从哪里来的？"

妈妈语重心长地说："这是你爸爸年轻时的画。"我愕然了。什么？爸爸会画画？我怎么从来不知道呢？"要不然，你的画画功底为什么这么好，那还不是遗传你爸。"原来爸爸在年轻时就有个当画家的梦，瞒着家人拿出全部积蓄去学画画，甚至还举办了个人画展，但是没取得预期效果，最后连生计都变得困难，从此爸爸放弃了画画的梦想。

原来爸爸是为了不让我重蹈覆辙，担心画画影响到我未来的前途。我再也抑制不住眼中的泪水，当着爸爸妈妈面说："我决定要做我喜欢的事，完成爸爸当年未曾实现的梦想。我决定报考美术专业，我要考省里最牛的美术学院。"爸爸听了老泪纵横，我看得出那是骄傲的泪水。

爸爸说："我很羡慕你，敢于做自己喜欢的事儿，去改变自己的命运。当一个人踮起脚尖靠近太阳的时候，全世界都挡不住他的阳光。"

从此以后，有了爸爸妈妈的支持，我如愿开始学习画画课程。爸爸为我找了他以前最好的老师指导我。学习也成了我的一种乐趣，很快我的文化课全部赶了上来，后来的模考每次都在班级前十名。当我如愿拿到美术学院录取通知书时，爸爸激动地说，也圆了他的梦想。

杨绛先生曾说："人生最大的幸福是自己做自己喜欢的事情。"我们常常有自己喜欢的梦想，却受到命运的羁绊不敢去追寻自己的梦想。时光荏苒，终究让当年的梦想成为蹉跎，也成为人生的遗憾。人生海海，做自己喜欢的事，

学习不是为了别人,而是你自己

大胆以梦为马,去改写自己命运的新篇章。若干年再回首,我们会因为当年的选择感谢当初的自己。人生不设限,做自己喜欢的事,这就是人生最大的幸福。

> 你拼的是
> 自己的前途
> 和暮年的欢喜

高考是你这辈子最公平的竞争

黄玉珊

高考是全世界最公平的考试。它不看你的出身,不看你的外表,不看你的家庭背景,只要你成绩好,你就能上一所好的大学。

一

"你可以再拼一次,高考是离你梦想最近的捷径!""不!我才不要复读!"张弛朝妈妈大喊一声,转身就夺门而去。高考放榜的这天,空气中弥漫着微微的燥热,熏得有人欢喜有人愁。张弛快步走在华灯初上的马路边,汗水夹杂着几丝眼角的泪花,眼前开始模糊起来,一如他对自己的未来,惆怅而迷茫。

他的高考分数只够上二本院校,这是他始料不及的。他原本以为仰仗着自己出色的文科表现,可以冲出一个满意的成绩,可结果偏偏不遂人意。这个十七八岁的少年身上,终归带点桀骜不驯,他想不明白,他对文学如此钟爱,还梦想着登上顶尖学府深造,实现笔耕天下的抱负,为什么天意却要弄人。一种隐隐的不公平感,油然而生。

"我自小看书习文,时常发表作品,文学积累比别人都丰富,为什么却不能在高考中突围而出呢?我喜欢钻研问题,比别人更舍得花时间思考,为什么却没能把高考的题都做对呢?我明明甘愿吃学习的苦,为什么却不能收获高考的回报呢?"一连串的问号在张弛的脑海里涌动,似乎也无从应答。"也许高考本来就不是一场公平的竞争吧。"他的心底禁不住泛起了愤懑的波澜。

过去三百多天的冲刺时光依旧历历在目,他与成千上万的高考学子一样,没日没夜地埋首在书卷的海洋中。只是偶尔,他会想要探出头来透透气。他喜欢沿着学校的人工湖畔漫无目的地走,有时遇到坐在休闲椅上讨论题目的同学,会庆幸自己有片刻的逃离。逃离,又像极了放榜日此刻的心情。

二

"不得不说,高考是全世界最公平的考试。它不看你的出身,不看你的外表,不看你的家庭背景,只要你成绩好,你就能上一所好的大学。"好久不见的表哥逸晨,一针见血地回应了张弛的困惑。"你之所以觉得高考不公平,有可能只是因为你还没有全力以赴。"年长八岁的表哥,一如既往冷静睿智地分析道。他是张弛从小到大的崇拜对象,他的话语对张弛来说极具影响力,这次被姑妈邀请回来就是为了做张弛的思想工作。

看到表弟一脸的震惊和半信半疑,逸晨意味深长地接着说:"你们只知道我当年以还不错的成绩考到了全国排名三十内的大学,对不?今天我来给你讲讲后面的故事,你会知道,什么才是真正的不公平。"

四年前,就在大学毕业前夕,逸晨通过校招成功进入到一家有名的品牌企业工作。因为是管培生身份,他在入职后的六个月内需要到各个相关部门轮岗试用。第一站是人事助理岗,"就在这里,我彻底打开了眼界"。逸晨的任务是协助招聘工作,筛选候选人时,人事经理给的第一个条件便是:非985、211名校毕业的不要。"这着实震惊了当时初出茅庐的我。"逸晨说,"后来才明白,大企业应聘者多,卡学历才能优中选优。所以学历一般的,真的连简历都没有被认真看一遍,就已经被淘汰了。"

到了面试环节,入选的六名候选人经过一番唇枪舌剑,最终有两位的综

你拼的是自己的前途和萋萋的欢喜

合评分靠前且旗鼓相当。"我问人事经理如何抉择，她说，选身材高挑、颜值更佳的那位吧，形象对于这个招聘的公关岗位来说特别重要。"而同样的情况出现在另一个品牌企划的招聘岗位上。"这次她说，选在城市中长大的那位吧，这样他的见识和思维模式才比较跟得上社会潮流。"

"诸如此类，比比皆是。原来社会在选用人才时，评价标准纷繁复杂，能力并不是唯一取胜的砝码。"逸晨定睛看了看张弛，问道："你觉得这些公平吗？相比这些，高考的竞争是不是显得特别纯粹呢？"张弛低头陷入了沉思。

也是在明白了这些道理以后，逸晨即便初入职场，也时刻充满了危机感。轮岗结束后，他确定在市场营销岗，心里暗想要成为多面手，稳打稳扎闯出一片天地来。再后来，部门内部举办了一次主管竞聘，从主题演讲、营销方案策划与展示，到销售任务实战等，逸晨一路过关斩将，来到最后的决战关头，他借势显示出自己背后强大的校友会资源。果不其然，强附加值的导向，助力他最终冲出重围，赢得了职位的晋升。

听罢表哥如此"精彩"的职场故事，张弛的内心产生了一股震撼，他对社会尚且青涩的认知，也受到了极大冲击。他不禁扪心自问：假如自己是故事里的任何一个当事人，在遭受"不公"的时候，会不会有那么一个瞬间，想要时光倒流，回到那纯真的校园，重新参加最公平的高考呢？毕竟只要自己肯尽最大努力，考到更好的成绩，就能读一所更好的大学，然后将未来的起点垫得尽可能高一些，来抗御日后这些无法避免的"不公"？

三

一阵秋风起，收获的季节也预示着美好的开始。张弛又在漫步于熟悉的校园中，迎风而行。这一次，他怀揣着坚定的决心、满腔的力量，想要为自己的将来，再拼尽全力搏一次。他忘却了那个在文学上小有成就的自己，那会让

> 学习不是为了别人,而是你自己

他恃才傲物,继而故步自封。他把心态放平,把步伐放稳,心无旁贷,一心一意,脚踏实地走好每一步,直到再一次走进了高考的战场。

又一年放榜日如期而至,这一次,微风不燥,似乎炎夏来得晚一些。当得知分数的那一刻,张弛忍不住拥抱着妈妈喜极而泣。他全力以赴,终于考出了一个高出重本线有余的成绩,而这个成绩,将彻底改写他的命运。他可以如愿登上一流学府的殿堂,去畅快书写梦想的蓝图;更能够站在更高的起点,以更强大的姿态,投身到未来的社会熔炉中。而如此一番经历,在正青春时获重生,在挫败中创奇迹,也将为他的人生镀上一层坚韧不摧的盔甲,未来不管是荆棘满途抑或风雨兼程,他都将无所畏惧,勇往直前。

一切醒悟都来之不晚,一切付出都物有所值。他感恩高考,这个这辈子最公平的竞争。

> 你拼的是自己的前途
> 和慕宇的欢喜

今天的习惯，就是你未来的模样

王福利

窗外有风景，笔下有前途。低头是学海，抬头是未来。现在有多努力，将来就有多幸运。

所谓的人生起点，如果从学习的角度去衡量，其实对于每个人来说都是公平的。有的人总去抱怨起点的不同，却常常忘记了起点之后的坚持，如果没有了这份坚持，哪怕是再高的起点，终归是看不到美好的未来。有的人总去渴望幸运之神在未来某一刻降临，却常常忽略眼前的现实——今天所表现的所有习惯，其实已经决定了一个人的未来模样。

与其羡慕别人为何如此命好，不如付出与别人一样或者超出别人的努力。当真的付出之后，你就会发现这样一个适用于所有人的结果——现在有多努力，将来就有多幸运。

那天去本市最大的医院，正看到从办公楼走出来的立强。胸牌上清晰写着"设备科主任"职务，还有他脸上呈现出的更多自信，正在证明着一份坚持所带来的真实收获，证明着那些曾经的努力，终将化成未来某一天的幸运。

我和立强，当年都住在某个局机关的宿舍。当时的我们，和其他几个临时抽调来的年轻人一样，拿着原单位所发的微薄工资，都对未来的去路充满迷茫——或者在城里工作一段时间后，继续回到乡村那个经济效益不好的单位重复原来的工作；或者像刚刚离职的那个同事，放弃现在的铁饭碗，去某个私企

学习不是为了别人，而是你自己

从头开始。

当周围很多同龄人每天都在抱怨眼前工作的时候，那个时候的立强，就表现出与别人的不同。在他的床头、床底下，永远堆放着一摞摞的电脑专业书——后来才知道，他毕业于一所中专学校的电子信息专业，工作之后，他又开始用自学考试的方式来提升学历。或许，他也是想通过每天的学习，来抵消工作所带来的迷茫。

立强几乎是把所有的业余时间都用在了研究电脑专业，对身边其他同事的所有娱乐活动一概不参与。即便几个年轻人就坐在他对面的另一张床上打扑克，吵闹的声音充斥着整个屋子，立强还是埋头盯着电脑书上那些别人看不懂的代码，好像把自己隔绝在另一个空间。打完扑克的年轻人们，又闹嚷着去小饭店吃饭，想拽上立强一起去，立强指指床下的一箱方便面，笑着拒绝好朋友们的盛邀："又快要考试了，我得抓紧看书，就不出去了。"朋友们看着他学习那么认真的样子，虽然不会当面打击他的积极性，但好多人只是把这种努力状态单纯地认作他的一个爱好而已，并没有什么现实作用。

只有立强更清楚地知道所要努力的方向，当没有别的更适合的道路可供选择时，也只有通过这种更加自律地坚持学习，才会为自己的明天增加一份实现梦想的筹码。这也是用一种最现实的方式，来验证人们最熟知的一句话："机会总会留给有准备的人。"

如果单纯地把学习看作是艰苦的磨炼，如果没有了远方的目标或者理想，那种日月经年的坚持，也就成为一种痛苦的煎熬。唯有对那个看似遥远的目标有着强烈的自信，才能在内心的充实与欣然中做到——低头是学海，抬头是未来。

后来，立强所在的科室新配置了一台电脑，这让立强在学习电脑专业知识时更加如鱼得水。几乎是每一天，在处理完单位公事后，立强就坐在电脑跟前不再离开。空旷而安静的办公室里,伴随着有节奏的噼里啪啦敲击键盘的声音,显示屏上跳跃着一排又一排别人看不懂的代码,间或还有翻动书页的声响。这样的画面,一直持续到半夜十一二点,天天如此。

那个时候正与立强同住一个宿舍的我,也习惯了晚睡,有时就去立强所在的办公室,好奇地看一会儿显示屏上那些天书般的代码,立强就带着几分成就感地给我展示他自己制作的动画。显示屏上那只听他指挥的、行动还有些笨拙的小猴子,正如同背后那些无形的努力所换来的梦想雏形——未来人生的样子,虽然还没有达到精致与完美,但已有了越来越清晰的轮廓。

立强又打开另一个界面,那也是他自己新开发的、用于超市收费的一个系统。他知道我看不懂,就用通俗的语言跟我滔滔不绝地讲起大概的原理。我还是听不懂,但能读懂他闪闪发光眼睛里透出的自豪神采。这种自豪,包括他已经跟某个超市达成了购买协议,这份成就感,应该是远高于这套软件系统的经济价值吧。

在我们所在的局机关,上至领导下至一般工作人员,每个人都看到了立强这种痴狂的学习状态,当然也都极认可他长年学习积累的技术实力。无论是谁喊一声"立强,帮忙看下我这个电脑怎么回事",立强都笑呵呵地痛快答应,转眼就"手到病除"。也许正是某一次给一位局领导去修电脑的经历,让他的人生迎来了后来的关键转折:这位局领导调任本市最大医院担任院长时,同时将立强调入医院,专门负责全院的微机系统、医疗设备。转眼之间,立强从一个临时抽调人员,成为有着正式身份、高待遇的单位骨干。这听起来像是影视剧中的故事,但就真实地发生在身边,就连立强本人应该也不会想到。当一个人专心地低头学习时,前方美好的未来,自然会悄然来到身边。

不要抱怨今天的生活不如别人,应该回头反思一下从前的自己,反思自己在最好的年纪里,是不是足够努力。不要徒然羡慕别人的生活,当一个人对

学习不是为了别人,而是你自己

远方的风景有着热切的向往,并且甘于为之坚持不懈地付出,每一个梦想都终将到达。每一个将勤奋作为习惯的人,都应该相信:窗外有风景,笔下有前途。

你拼的是自己的前途和蓍草的欢喜

你现在的努力里，
藏着你十年后的样子

韦文忠

披星戴月走过的路，最终将会繁花满地。

窗外，枫叶似火，烧红了半边天。我停下笔，轻轻合上已经批改完的本子，揉了揉僵硬的脖颈，目光扫过桌面上的照片，嘴角微微上扬。思绪透过那被精致的相框包裹着的照片，回到了十年前的那个午后。

当年，若非那一枚小小的邮票，乘着春风，跋山涉水飘到我的面前，此刻的我或许就成了那只把自己困在浅井里的青蛙吧，抬头只能看到巴掌大的天空。

那是一个滚烫的午后。太阳像一个大火球，疯狂地炙烤着大地。田间渐渐滚烫的水，倒映着碧蓝的天空，一丝风也没有。我佝偻着腰，模仿大人的动作，小心翼翼地将每一株秧苗插入田间。如珍珠般晶莹剔透的汗珠顺着黝黑的脸颊滑落，滴到水田里。那像嵌在玻璃框里的画似的水田，漾起阵阵波纹。可我无暇欣赏，只想着快点儿把秧插完，好去找小兰姐。我和她约好了去看看她工作的地方。

我从小在山村里长大，去过最远的地方，也不过是到镇上求学。村里的年轻人，也多是继承父母的田地，把青春献给沉默不语的土地。大山养育了我

> 学习不是为了别人，而是你自己

们，也困住了我们走出去的脚步。

再有出息点的，也不过是在镇上的小作坊谋生，比如我的好姐妹小兰姐。小兰姐刚初中毕业，就进了镇上一家加工衣服的小厂子上班。那在村里人眼中，算是顶好的活儿。然而，我至今也无法忘记第一次走进小兰姐挣钱的工厂时，那扑面而来的窒息感，压得我喘不过气来。

那不足一百平米的厂房，墙壁颓败潮湿，低矮的空间使人十分压抑。四五十台破缝纫机横平竖直地排列着，四五十个年纪不大的女孩，顶着头上的灯泡发出的微弱的光，不停地忙碌着。正是酷暑难耐的时候，没开窗，也没风扇，几十号人挤在小小的厂房里，让我犹如身在蒸笼。

我看得目瞪口呆，足足将那些女孩子扫视了个遍，却无法从中找出小兰姐。我在缝纫机中来回穿梭，终于在最南边的角落里找到了她。

"小兰姐！"听到我的声音，小兰姐挺直瘦弱的脊背，转过身来。我几乎认不出她来了。肤色暗沉粗糙，嘴唇干裂发白，一双疲惫的眼睛布满红血丝，头发蓬乱不堪，再也不见曾经的青春靓丽。

从小厂子回来，我独自一个人静坐了很久。直到母亲推开房门，递给我一封表姐寄来的信。我打开信封，立刻被眼前的照片吸引住了：蔚蓝清澈的天空，粉白的花瓣如云似霞，尽情绽放。阳光透过枝桠，洒下斑驳的光影。树下的学子，或坐或站，或低语或展颜，一切显得如此动人心弦。

我突然萌生了走出去的强烈愿望。那天晚上，我在日记里写下："世界很大，我想努力去看看。"那一刻，我突然觉醒了，我不想和小兰姐一样浑浑噩噩过完这一生。

我开始顶着众人异样的目光，重拾荒废的学业，埋头苦读。在一众聊天、瞌睡、旷课的学生中，坐得笔直，认真听课，疯狂做笔记的我，显得格外突兀。可我毫不在意，还暗自激励自己，所有的勤奋都是在为未来铺路。

> 你拼的是
> 自己的前途
> 和慕草的欢喜

靠着一股韧劲，我的学习渐渐得心应手，成绩也有了长足的进步。我信心大增，学得更加卖力。哪怕是假期，我依然坚持白天和母亲下地，晚上挑灯夜战，丝毫不松懈。当梦想的风吹进现实，熬过的夜也会发出光。两年后，我以全镇第一名的成绩，考上了县里最好的高中。

然而高中第一年，却是我深受打击的一年。曾经的第一名，成了倒数第一名，可我依然咬着牙努力追赶。野蛮生长的野草，确实没有精心伺候的花耀眼，可我的韧性，不输任何人。

靠着刻苦和勤奋，到了高二文理分科时，没有了短腿科目拖后腿，我的成绩突飞猛进。第一次月考，就成功挤进年级前十名。可我知道，这还不够，县里中学的前十名，和重点大学之间，还隔着一条鸿沟。

我迎难而上，终于在高三首次摸底考试时，考到了第一名，把第二名远远甩在身后。此后，我一直是第一名。所有的老师都坚信，我能稳上一本线，运气好还能够得着"211"，可我只想上武汉大学，去看看照片里绚烂无比的樱花。

如今想来，我依然震惊于自己的潜力。我无法想象，专注于一个目标，无他地埋头苦学，居然能将一个人的潜能激发到那种地步。高三最后的那段时光，我一直脚踏实地地从书本中汲取营养，也曾不止一次在坚持中不断崩溃，在崩溃中咬牙坚持。

无数个晚上，我不动如山地坐在书桌前，面前摊开着政治、历史和地理的课本，每一页都密密麻麻地写着需要背诵的内容。我感到自己的大脑就像是一台超负荷运转的机器，随时都可能崩溃。

年份、事件、人物；山脉、河流、国家……摞起来老高的历史地理课本，我反反复复背了五六遍。如果你也试过把一本书背上五遍，你就知道是什么滋味了——越背越崩溃，可还要擦干眼泪继续背。背到最后，却发现越努力记

学习不是为了别人，而是你自己

忆，越是混乱。我的大脑就像是被人塞满了棉花，沉重而无法思考。

"我快不行了……"我喃喃自语，声音低沉而无力。我的眼神开始涣散，书本上的字迹变得模糊。我的肩膀开始颤抖，不是因为寒冷，而是因为压力和疲惫。

我抬头环顾四周，同学们同样在与书本搏斗。有的眉头紧锁，有的嘴唇紧抿，有的则已经趴在桌子上沉沉睡去。这是一场无声的战斗，每个人都在为了自己的未来而努力。

我深吸一口气，轻轻抚摸着那樱花怒放的照片，在心里对自己说："没什么不可以的，你能行。"我闭上眼睛，深呼吸，然后再次睁开，眼中闪烁着坚定的光芒，继续和知识点死磕到底。

踏入考场的那一刻，我前所未有地镇定。时间在哪儿，行动在哪儿，收获就在哪儿。结果你们应该猜到了，我终是得偿所愿。

披星戴月走过的路，最终将会繁花满地。十年后的我，工作稳定，忙时充实，闲时惬意，自得其乐。而当我再次遇见小兰姐时，我始终无法把眼前皮肤黝黑、面色沧桑，额头上刻满皱纹，鬓角花白的妇女当成小兰姐，她才不到三十岁啊。夜深人静的时候，她是不是也在为曾经没有努力学习而后悔呢？

你现在的努力里，藏着你十年后的样子。我无比庆幸，当年的自己选择了努力，而不是随波逐流，让自己一生也跨不出那个小山村。孩子，现在的你，是十年前的你决定的；十年后的你，是现在的你决定的。千万别用年轻时的放纵和懒惰，换来一生的后悔和卑微。

> 你拼的是
> 自己的前途
> 和暮年的欢喜

游戏可以重开，
但人生不能重来

栗凯丽

自律就是在"你最想要的"和"你现在想要的"之间做出选择。

游戏给了我们"胡来"的权利，我们用一点点无伤大雅的代价去体验着不同的人生，即便是伤痕累累，也无所畏惧，大不了重开一局。但是人生就像一场戏，当帷幕落下，不会再给我们第二次开幕的机会。

"喂，要不要一起开一局《王者荣耀》。"同桌用手捅了捅我悄声说道。

我尴尬地回道："现在在上晚自习呢，我也不会打游戏啊。"

"好吧，好吧，好学生，不打扰你自习。"同桌说完就转身找别人组队去了。

每次下课，大家都在热火朝天地谈论最近新出的游戏，剧情怎么刺激，画面怎么好看，我试图融入其中，但总感觉跟同学们不在一个频道上，也跟不上他们的话题。于是我决定尝试一下，悄悄地下载了一款最近很火爆的游戏。

起初游戏只是我社交的手段，是我拉近同学关系的工具。但是慢慢地，我开始被游戏里的故事情节、刺激的战争场面和炫酷的技能深深地吸引。

只要一有空闲，我就拽着同桌说："快，咱们来一局。"我的技术越来越好，上课的精神却越来越差。我开始在游戏里组队当队长，也可以融入到同学中，热烈地聊着游戏的话题，朋友圈、手机照片几乎全是游戏，但心里偶尔也

学习不是为了别人，而是你自己

会觉得空落落的。

放学回家，书包一扔，打开电脑，刚准备进入游戏界面，电话响了。

"喂，今天爸爸妈妈都加班，晚点回去。饭给你准备好了，自己热热吃。"电话里传来妈妈的声音。

我乖巧地回答："好的，妈妈，你们早点回家。"挂了电话，我兴奋地进入到游戏中。

"左边，左边有敌人，小心。"我大声地对着麦喊。

"别怕，快潜伏，隐蔽，我来救你们。"队友回应。

"冲，冲，冲，干掉他们。"大家齐声呼喊。

正在关键时刻，听到开门的声音，惊得我一身冷汗。我以迅雷不及掩耳之势退出游戏，点开网课的页面，心里怦怦直跳。

妈妈下班回来了，看到桌上的饭我一口没动，嗔怪道："怎么又不好好吃饭，吃饱了才有精力更好地学习。"

我嘻嘻哈哈地敷衍着，心里想："对，吃饱了才更有精力打游戏。"

妈妈扫了一眼我电脑上网课的画面说："别总盯着电脑，对眼睛不好，适当地放松下。"我连连点头称是，把妈妈推出屋，关上门，继续升级打怪。

在游戏里我一会儿变成大侠，一会儿变成狙击手，一会儿又成了一个炼金师，手指一动鼠标一点，想要的身份和命运都可以轻易达成。更重要的是，在这里不怕犯错，玩死了最多也不过是重开一局。就这样，时间悄然流逝，一抬头已是凌晨三点，我不情愿地上床睡觉。

世界是残酷的，也是公平的。要想在秋天收获果实，你就需要在春天播下种子。而现在我播下的游戏种子，收获的结果必然可见。

月考成绩下来了，我的名次由班里的前三掉到了倒数，看着卷子上一个个的红叉叉，脑子有点懵，从来没有出现过这么多叉。同桌探头过来，看到我的卷子，不可置信地说："你怎么回事，这次考这么差，还没我考得高。"我动了动嘴说不出话来。

拖着疲惫的身躯回到家中，不敢把试卷给父母看，谁知妈妈一看见我就是一顿臭骂："老师打电话了，最近你上课睡觉，作业不写，考试退步这么明显，你到底要闹哪样？"

我老老实实把最近熬夜打游戏的情况告诉了妈妈，再三保证痛改前非，不打游戏了。

曾国藩说："自律者出众，放纵者出局。"自律的人能抵住诱惑坚守本心，放纵的人则会在欲望的泥潭中越陷越深。

我终是抵不住游戏的诱惑，在坚持了几天后，又打开了游戏，心想："偶尔玩一下，没关系的。我基础好，稍微努力一下，成绩就能上来。"就在我聚精会神地提高等级时，不知何时爸爸站在了我的身后，我陡然一惊，来不及切换页面了，心惊胆战地等待着狂风暴雨。

怎么这么安静，没有预想中的大发雷霆。我回头看爸爸，只见爸爸看着电脑屏幕若有所思，半天才开口说："你有没有发现，这个游戏界面的色彩和构图还挺有讲究。"我疑惑地重新盯到电脑上。没错，这色彩，这构图，确实是有点水平。

爸爸见我看得出神继续说："你多久没拿你最爱的画笔了？"

我的心一颤。是啊，我多久没画画了，从小我就对绘画有浓厚的兴趣，立志要考入中央美术学院，那时的我，手握画笔，便能描绘出这五彩斑斓的世界。每一道线条都是我梦想的延伸，每一幅画都是我内心的呼喊。而现在的我却在游戏里沉沦。

爸爸继续说道："孩子，自律就是在'你最想要的'和'你现在想要的'之间做出选择。游戏确实能让我们毫不费力地获得即刻的欢愉，可欢愉过后带来的只会是更加的空虚寂寞。在现实生活中,我们没有一键重启的能力,错过了就是错过,你是想即刻获得你现在就想要的游戏,还是坚持到底,为了实现最后的梦想?"

爸爸的话犹如一道闪电,瞬间劈开了我那被游戏迷住的心。我回想起自己为了一幅画废寝忘食的样子,回想起完成一幅画那种满足的喜悦感,心中甚是懊恼。

从那天起,我才真正地下定决心重新开始,重新拾起我的画笔,重新打开我的课本。

我卸载了所有的游戏,开始利用一切可利用的时间看书学习和画画,参加各种绘画比赛,不断磨砺自己的绘画技能。虽然过程中遇到了很多困难和挫折,但我从未想过再放弃。我深知,人生没有重来,我不能让游戏毁掉我的绘画梦。

终于,高考结束了,我如愿以偿地拿到了中央美术学院的录取通知书。那一刻前所未有的成就感充盈在心,这是游戏所不能给我的。

回顾这段经历,我感慨万千。游戏或许能给我们带来一时的快乐和满足,但它无法带给我们美好的未来。只要保持初心,坚定不移地追求自己真正热爱的东西,康庄大道就在你的脚下。

如今,每当我看到那些痴迷游戏的少年,我都会想起自己曾经走过的弯路。我想告诉他们,游戏可以重开,但人生不能重来。我们应该珍惜时光,勇敢地追寻自己的梦,不要为一时的快乐,迷失自己。

未来的路还很长,我会带着对绘画的热爱和人生的敬畏,继续前行。我相信,只要手中有笔,心中有梦,我们就能走出更加辉煌的人生。

你拼的是自己的前途和暮年的欢喜

未来的你，一定会感激如今拼命的自己

杨青霞

如果你成天都在刷手机，宅在家里追剧，上网打游戏，那么你要青春做什么呢？假如你的命运是世界上最烂的编剧，那你就要做自己人生最好的演员。

我第一次"装病"逃学，是因为月考英语考砸了，几乎垫底。从那以后，考不好就装病。我发现"装病"有个好处，明明家长和老师很想批评我，但是他们看见如此"虚弱"的我，就不忍心说了。我尝到了"装病"的甜头，开始选择逃避。

读初中的时候，我的英语成绩名列前茅，我是众人眼中的佼佼者。但是上了高中，随着词汇量的膨胀以及阅读理解难度的提升，英语听力更是仿佛天书一样，句子里几乎没有一个词是我能听懂的，成绩下滑严重。于是我就破罐子破摔，彻底"摆烂"，任其发展。

一

有一次，英语测试不及格，我再次故技重施，请了病假。在家刷了一天手机，第二天装成一副病恹恹的样子去上学。班主任把我叫到了办公室，先是询问我的身体情况，接着话锋一转，给我讲了一个《时钟的故事》：

有一天，老钟表和小钟表聊天儿。老钟表告诉小钟表："我看你呀，这么小，等你走完三千二百万次之后，估计你就走不动了。"小钟表听完以后吓坏了，自言自语道："三千二百万次？要走这么多次？看来我肯定走不到。"这时一旁还有一只钟表对小钟表说："别听它说那么难，你只要每秒滴答摆一下就行了。这还难吗？"小钟表没什么自信，但还是表示，如果真的是这样，是可以试试的。于是，小钟表就每秒钟"滴答"一下，并没有费很大的力，随着时间流逝，一年下来它也摆了三千二百万次。

所以，学英语其实和小钟表"滴答"摆动一样，分解目标，踏实一步步往前，总会达到目的地的。

平时学习的高中英语词汇量是 3500 个，乍一听好像很多，但如果仔细想想，其实并没有那么难。初中阶段已经掌握了不少单词，再把剩下的单词量分摊到每一天，量就变得很小了。所以，不要把英语想得太难，然后逃避现实，不敢面对。

如果你成天都在刷手机，宅在家里追剧，上网打游戏，那么你要青春做什么呢？青春是用来奋斗的，而不是用来浪费的。

大家同样在课堂上坐了三年，最后有人考上了理想的大学，而你呢？要记住，你的现在决定了你的未来。

也许你认为每个人的命运不同，但是假如你的命运是世界上最烂的编剧，那你就要做自己人生最好的演员。把自己的人生演好，只有行动，才能改变命运。

二

老师的话像一记重锤，击中了我内心最薄弱的地方。我的脸上红一阵，白一阵，又害臊又惭愧。我扪心自问，我每天在英语上花费多少时间学习？很多时候都是在应付，看不到两眼，就去刷剧了。对自己不擅长的领域，我除了抱怨、厌恶、逃避，付出过什么？我知道，不能再这样下去了，我得做出改变。

  我尝试当一只"小钟表"制定好学习计划，每天按部就班地学习。每天早晨，我不再像以前那样赖床，六点钟准时起床，第一件事就是对着镜子用英语跟自己打招呼。接着，我会边刷牙边在脑海中默默背英语单词。父母准备早餐的时候，我站在厨房门口，脑中不自觉地用英语造句描述他们的动作。

  上学路上，我不再刷短视频，而是戴上耳机，听英语故事。听力是我的弱项，如果不去面对它，我将永远无法进步。刚开始时，很多内容根本听不懂，我几乎每句话都要反复听好几遍，甚至需要对照字幕理解。但我告诉自己，不懂就多听，每天听一点，慢慢积累。

  午休时，我不再和同学们闲聊，而是拿出随身带的小笔记本，背上几条英语短语。甚至上厕所的路上，我都在背英语。那段时间，有的人觉得我学习都有点疯魔了，但是我自己却乐在其中，一分钟不学都感觉缺点什么。我完全不觉得焦虑了，反而整个人过得非常充实，就像憋着一股劲儿，使也使不完的感觉，从而形成了一种很稳定的争分夺秒学习的习惯。

  每晚留出一小时专门学英语，手机开启飞行模式，桌面上只剩下英语书和练习册。有时候阅读理解很难懂，即使看得头昏脑涨，我也不肯放弃。即使累了，我也没有彻底休息，而是换一种方式放松——听英语歌曲。我发现这样不仅能让我放松心情，还能无形中提升我的英语听力。

三

  时间长了，这种高强度的自律成了我的生活方式。英语不再像以前那样让我感到绝望。每次碰到难题，我都会告诉自己："再试一次，或许这次就能搞懂。"我开始明白，做题不是单纯地刷量，而是通过每一道题去发现问题，去总结自己在思维上的盲点。每次做完题后，我都习惯性地复盘，把错题记下来，整理成错题本，并反复研究它们。

起初，那些英语演讲对我来说几乎是天书般的存在，但渐渐地，我能听懂一些关键词，接着是整句话的意思。后来，我发现自己不仅能理解大部分内容，甚至能够模仿演讲者的语音语调，在心里默默跟读。

而在写作上，我每天都会花时间写英语作文。起初，我的句子总是简单、笨拙，但随着我每天一遍遍修改，模仿英语故事里的表达，我发现自己能够写出更流畅的句子。作文水平提升后，班主任开始注意到我的进步，时不时会在课堂上表扬我的表达方式。

一转眼到了高三，一模考试前一天，我得了重感冒，高烧不退。母亲想打电话跟老师请假，我拦住了她，告诉她"我能行，没有问题。"坐在去学校的公交车上，尽管头晕目眩，我还是打开英语书开始背单词。进考场前，班主任发现我脸色不对，一摸我额头道："你病了，别考了，马上跟我去医务室。"我摇摇头说："老师，我没事。过去的我不懂事，总是装病逃避现实。如今的我努力了那么久，就是为了这次考试，这次我绝对不会放弃。"考完的那一刻，我整个人瞬间放松下来，才发现高烧带来的头痛有多难忍。

一模英语成绩出来了，我站在排行榜前找自己的名字。当看见我的名字进了全班前十名，我激动地跳了起来，一种自豪感油然而生，因为我知道，自己曾经为此付出了多少努力。

即使在最后的冲刺阶段，我依然保持着这样的节奏。每一天都是高强度的学习，白天在教室里做题，晚上回家听英语演讲，熬到深夜也不肯轻易休息。周末，当别人在玩手机的时候，我依然坐在书桌前，翻阅笔记，刷题解题。

当高考成绩出来，我如愿考上了一所外语学院。

当站在未来回望过去那些青春岁月时，我感谢那个每天早起对着镜子用英语问好的自己；感谢那个吃饭时还在听英文音乐的自己；感谢那个在学习上

> 你拼的是
> 自己的前途
> 和暮年的欢喜

不肯轻易放弃，甚至把生活中的每一分每一秒都用来提升技能的自己。

　　逃避现实，把难题藏匿于视线之外，不过是一场自我欺骗的游戏。问题不会因为我们的逃避而自行消散，它像一块巨石，横亘在前进的道路上。只有鼓起勇气，正视现实，积极寻找解决方案，才能搬开这块巨石。回首过去的自己，我感慨道："谢谢你，没有放弃。"